歴史的に考えるとはどういうことか

南塚信吾
小谷汪之
編著

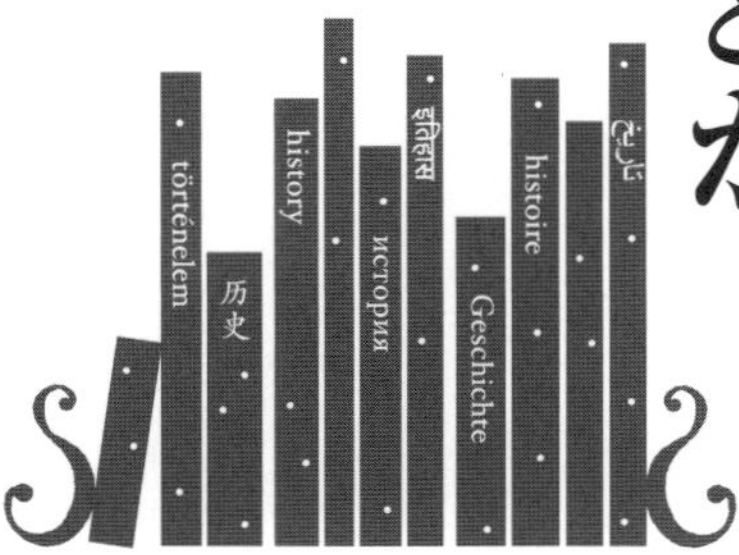

ミネルヴァ書房

はじめに

私たちはいまどこへ行っても「歴史」に出会う。そして、「私は歴史が好きだ」という人はたくさんいる。しかし、「私は歴史が好きだ」ということは、たんに「過去の出来事」を知ることが好きだという場合が多く、「歴史的」に「考えること」が好きだという人は少ないと思われる。また、歴史の教育では「暗記ではなく歴史的思考力」が大切なのだというとき、何をもって「歴史的思考力」というのだろう。これは決して明確ではない。あるいは、「正しい歴史認識」を持とうというとき、何をもって「正しい」というのだろうか。「事実」の正確さをもって正しいというのだろうか、または「思考」の過程をもって正しいというのだろうか。

現在のように、歴史についての「情報」(本や動画やインターネットなど)があふれていて、しかも誰もその信ぴょう性を保証しない状態の中では、「歴史的に考える」力を一人ひとりの国民が広く持たないと、歴史の情報によって、国民はいとも簡単に「操作」されてしまう危険性がある。アメリカなどでは「歴史的思考」を育てることを目指す学会や組織が活躍しているが、日本ではそのようなものは存在しない。

このような状況に対して深刻な危機意識を持った者たちが集まった。二〇一五年夏のことである。歴史の研究と教育に携わる者たちである。そして、四年余りにわたる議論を重ねて、ようやく一冊の本をまとめることができた。本書は、六名の歴史家が真剣な議論を交わし、レジュメや原稿段階において相互に意見を述べ合って、問題意識を共有し、観点を揃えて、作り上げたものである。

＊　＊　＊

本書は、二部に分かれ、各部はいくつかの章に細分されているが、それぞれの章は全く別々ではなく、お互いに何らかの関係をもって配置されている。

まず第Ⅰ部「歴史像ができるまで」では、過去の出来事がどのような過程を経て一つの「歴史像」に作り上げられるのか、その際の問題点は何かを考察している。

第1章「歴史と出会うとき」は総論的な章で、ここでは、一般社会において、どのような機会に出来合いの「歴史像」と出会うのか、そうして出会った「歴史像」にはどういう問題点があるのかが点検され、あらためて「歴史像」はどのように作られるのかが前もって大まかに論じられている。

第2章「歴史の中で「他者」と出会う」は、そもそも私たちが、過去の歴史の中で自分とは違った「他者」に出会うところから歴史への関心が始まり、過去との距離感や想像力を持つようになる様子を明らかにしている。

第3章「史料から歴史へ」では、歴史の中での「他者」との付き合いは、過去の史料を介して確認され深められていくことを論ずる。われわれは「他者」を意識しながら、史料に問いかけ、それを解釈することによって「歴史像」を作っていくのだということを論じている。

第4章「歴史を意味づける」は、歴史は史料と向き合って始まるとはいえ、史料には時代や立場の違いによる意味づけ、解釈が与えられるのであり、そこに「歴史像」の違いが生まれるのだということを論じている。

第5章「「歴史の見方」に潜む落とし穴」では、史料に向き合い、解釈をしていく際に、われわれは何らかの「仮説」ないしは「歴史の見方」を前提としているもので、その前提にはわれわれが意識していない「落とし穴」が潜んでおり、そのことが「歴史像」に歪みを与えることがあるということが論じられる。

以上のように第Ⅰ部において「歴史像」の形成過程を検討したうえで、つぎの第Ⅱ部「歴史を教え学び、考える」では、学校という教育機関の内外で、「歴史像」そのものではなく、その作られ方つまり「歴史的に考える」過程をどのように教育し、習得してもらうことができるのかを論じている。

第6章「「歴史的に考える」ことの学び方・教え方」は、初等・中等教育の場を念頭に、児童生徒がどのような契機で、「歴史」ではなくて、「歴史的に考える」ことに直面するかという根本的な問題から始めて、絶えず「正解」を求められる学校では、「歴史的に考える」ことを教えることがいかに難しいかを論じている。

では、教科に縛られない教育のできる大学でこそ「歴史的に考える」ことは教えられているのだろうか。だが、第7章「大学で歴史を学ぶということ」は、その期待が必ずしも満たされていないことを論じている。大学では、入学以前の歴史学習が「正しい歴史の知識」であったと感じられていることから、いかに脱却するか、そして、歴史像の「修正」が絶えず起きるものだということをいかに学ばせるかが課題となっているのである。

最後に第8章「日常の中で歴史的に考える「七カ条」」は、教育機関の内外を問わず、日常の中で、歴史に関心を持ち、歴史について考えるとき、その機会を有効に生かすために心得ておくべき点を「七カ条」に整理している。

以上が、本書の内容の流れである。本書は、歴史教育に携わる人々や大学生はもとより、高校生や社会人にも広く読まれることを願っている。「歴史的に考える」ことは、年齢や所属に関係のない現代的な問題なのである。

南塚信吾

歴史的に考えるとはどういうことか

目次

目　次

第Ⅱ部　歴史を教え学び、考える

第8章　日常の中で歴史的に考える「七カ条」……南塚信吾…217

第Ⅰ部　歴史像ができるまで

第1章　歴史と出会うとき

南塚信吾

この章では、われわれは現代の社会において、どのような機会に、どのような歴史と出会っているのかを整理して、そのような歴史に潜むかもしれない問題点を検討し、社会において歴史に直面した時、それぞれの歴史の意味を区別し、意味のある歴史を見分けることが必要なのではないかという問題提起をしてみたい。

もちろん、学校や大学において、教科書や講義で歴史と出会うのが重要な場であるが、今日では、学校や大学以外の場で人々が歴史に出会うことが非常に多くなっていることを考えて、ここではもう少し一般的に、社会において歴史と出会う機会を考えてみたい。

1　与えられる多様な「歴史」

社会と歴史

はじめにも述べたように、今日、社会には歴史にふれる機会があふれている。まず、政治の世界では、「歴史認識」が国内外で問題にされている。侵略について、南京虐殺について、慰安婦について、尖閣諸島や竹島について、「教育勅語」について、あるいはもっと大きく、戦争や植民地支配について「歴史認識」が問われ、政治的な対立の原因になっている。これは政治家の間だけではなく、一般の社会人の間でも、たとえば、社会人たちの同窓会などにおいても論争を生む話題になっている。

しかしそれだけではない。今日の社会では、様々な市民講座が歴史を扱い、様々な歴史の「参考書」「教養書」「教科書」が出版されている。市民講座について言えば、かつては女性や学生が中心であったが、今では高齢者を中心として歴史が議論されている。高校時代に習ったはずの歴史の教科書を学びなおそうという市民講座もにぎわっている。また、いまや、だれでも歴史が書ける時代になっていて、「自分史」を書こうというブームも広がっていて、そのための市民講座もできている。

さらに新しい状況が現れていて、いまでは、さまざまなメディアにおいて歴史が取り上げられている。たしかに、歴史小説や「ノンフィクション」の歴史書は、以前から書かれ、読まれていたし、映画やテレビで歴史がテーマになるのはもうすでに久しい歴史を持つ。また、マンガも歴史を素材にしたものはいろいろと知られている。だが、ごく最近の問題としては、「ネット歴史」とでもいうべきものがあり、インターネット（ネット）でいとも簡単に歴史に接することができる。歴史はゲームにさえなっているのだ。そういうわけで、今日では、歴史はあらゆるメディアにおいて取り上げられているのである。

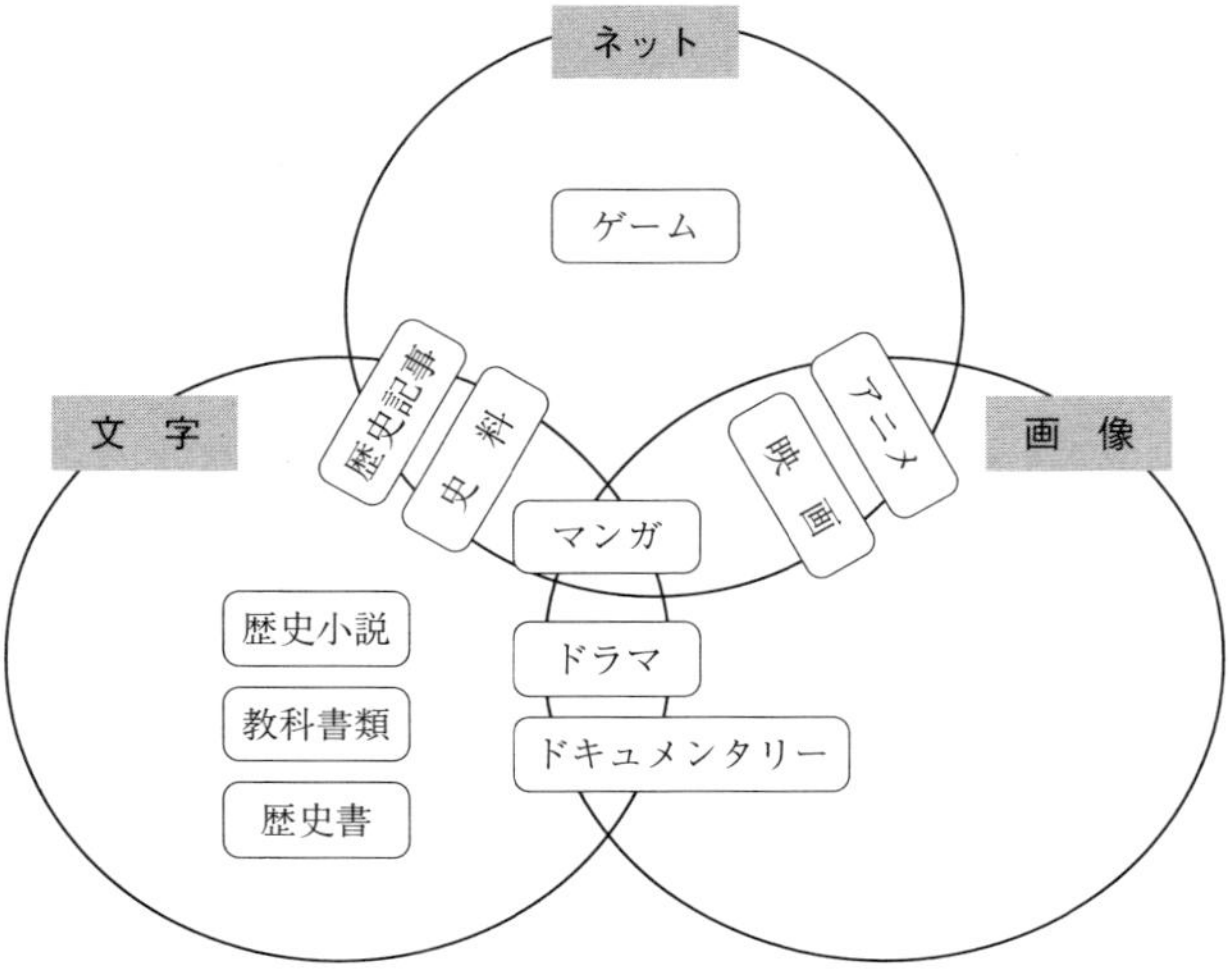

図1－1　歴史を扱うメディア領域

このような状況を、メディアに即して区分して図示すれば図1－1のようになるであろう。

かつては、「文字」の世界のみで、歴史が扱われていたのに対し、その後、「画像」の世界にも歴史は入ってきて、テレビやマンガで扱われるようになった。マンガやドラマやドキュメンタリーは二つのメディアにまたがる特性を持っている。だが、今では、「ネット」というメディアにおいても歴史は登場してきていて、ネット上の種々の歴史記事や史料は「文字」メディアと「ネット」メディアの双方にまたがる特性を持っている。歴史ゲームは基本的には「ネット」上のものと考えていいであろう。ところが、「マンガ」は三つのメディアにまたがる特性をもっていると考えなければならないであろう。歴史が扱われるメディア領域をこのように整理できるとして、ここでは、「文字」というメディア領域における歴史を中心に考えることにし、そこと他の領域とにまたがるものにも視野を広げて考えよう。そしてそこでどのような歴史が提示されているのか、そして歴史としてどのような問題があるのかを、やや総花的に検討してみよう。

ネット歴史

一般の人が歴史に接するうえで、最も広く使われているのが、ネットであろう。現在ではいとも簡単に歴史をネット上で探し求め、学ぶことができる。ネット上では、たんに歴史上の人物や出来事や用語だけでなく、一定の歴史記述も検索することができる。たとえばアヘン戦争とはなんだったのだろうかと、検索すると、たちまち答えが返ってくる。それに関連した図版などもつなげて見ることができる。

Yahoo! でも Google でも、「アヘン戦争」を検索してみよう。すると、Wikipedia のアヘン戦争という項目をはじめ、たくさんの記事が出てくる。Wikipedia の「阿片戦争」という項目を見ると、アヘン戦争の原因、経過、結果、余波などが整理して書かれている。アヘン戦争についての情報は豊富で、図版もある。参考文献も挙げられており、適宜、注において出典も記されている。そこに書かれている歴史はほぼ完ぺきな歴史であるように見える。

だが、よく見ると、いろいろと注意しなければならないことがある。まずは、ここに出ている記述は、匿名の人の作である。どういう人が、どういう関心を持って書いたのかは、知ることができない。どこからも批判のされない「百科事典」的な歴史記述というものはあり得ないのであり、実際の百科事典でさえも署名が入っているくらいである。現に、この「阿片戦争」の記事は、完全に政府と軍隊の目線で書かれている。ほかの目線はどうなのだろう。次に、この記述が出てくるに至るには、このテーマについての研究の積み上げがあったはずであるが、それを示す「研究史」「先行研究」の指摘がなされていない。人間の知識の発展は、ちょうど山頂で石を積み上げていくケルンのようなもので、一番上の石の下にはたくさんの石の下敷きがあるのである。その下敷きをどのように「消化」してきたのかがわからないのである。たとえば、イギリスにおける戦争反対論が書かれていない。これは後述するように他のサイトには出ているのである。第三に、この記事からは、安易に解答が得られる。いろいろと批判的に考えて結論を出すと言う回路がない。たとえば、中国、インド、イギリスの人だったらどう描くのだろう。

たしかに、ネットは、手軽で有用なのであるが、出来合いの歴史記述には注意が必要である。多くの場合、その歴史記述は「無名」の人（人々）の手によるものであり、その人の偏見や誤解を免れることはできない。こうした場合、典拠が示されているだろうかと点検することが必要であるし、少なくともネット上でいくつかの同じような記述を比較して見ることが求められる。たとえば、今検討しているアヘン戦争の場合、Wikipedia の「阿片戦争」という項目のほかに、いくつもの項目がある。

ちなみに、「アヘン戦争――世界史の窓」を比べてみると、そこには、Wikipedia にはない、イギリスでの戦争反対の動きのことが書かれている。また、朝日新聞の「歴史は生きている」の「アヘン戦争　どう伝わったか」では、日本との関係が比較的多く書かれている。しかし半面、中国自身でどういう評価があるのかはわからない。少し語学の力のある人ならば、同じ Wikipedia でも、日本語だけでなく、英語、中国語、独仏語、あるいはロシア語などの Wikipedia を参照すると、日本語版の記事を見直すきっかけが得られるかもしれない。このようにインターネット上で読むことのできる歴史記述は、多彩で、それぞれに個性があるが、記述の根拠を示していることはほとんどない。だからそれらは、十分に注意して活用することが望まれる。

なお、一般の人はアクセスすることは少ないと思われるが、ネットと歴史の関わりで最も大切なのは、自宅などに居ながらに歴史史料にアクセスできることであろう。今日では文書館などに行かなくても日本や諸外国の主な歴史史料を容易に見ることができる。あるいは、昔の書籍も読むことができる。しかし、史料をデジタル化する段階でミスがあったり、微妙な修正が加えられていることもあるので、注意が必要である。たとえば、国会図書館のデジタルコレクションという素晴らしい史料があるが、その中にも、ミスがあったりするのである。さらに言えば、どういう史料がデジタル化されていないかということをチェックすることも必要なのである。

このように見ると、ネット歴史には多分に危険性が潜むが、見方によっては、ネット歴史によって、一般社会で扱われている歴史と、専門の歴史家の扱う歴史とが近づいてきていると言えるのかもしれない。また専門の歴史家はネット歴史をとおして、一般社会での歴史の理解のされ方がわかるようになったのかもしれない。

テレビの歴史ドラマ・ドキュメンタリー

多くの人が歴史に出会う次の代表的な機会はテレビの歴史ドラマであろうか。一九六三年に始まるＮＨＫの大河ドラマのテーマは、すべて日本の中世から近代に採られている。この他にもテレビで歴史を扱ったドラマはあった。たとえば、「百年の計、我にあり」（ＴＢＳ）などがそうである。最近では、韓国や中国の歴史ドラマも広く親しまれている。

この歴史ドラマというのは、たんにある時代を想定してそこを背景にしてドラマを作ったもの、すなわち時代劇ドラマとは異なる。時代劇ドラマとは、「三匹の侍」や「七人の侍」などの場合である。ここでいう歴史ドラマは、一定の時代の実際にあった歴史を素材にしつつそれをドラマ風に描いたものである。もちろん両者の区分はあいまいなのであるが、いちおうそのような区分をたてることはできる。時代劇ドラマと歴史ドラマの違い、それはやがて検討する時代小説と歴史小説の違いに相当する。

歴史ドラマの場合、もちろん一定の時代の実際にあった歴史を素材にしつつ作られたものとはいえ、ストーリーは史実そのままではない。ドラマとして面白く作られている。そのこと以外にも、注意しなければならないことがある。それは、過去の人物や社会や生活の声や音についても、あるいは、人の表情や動作についても、作者（原作者・脚本家・監督など）が役者といっしょになって、それらを作り上げて、見る人に与えてしまうということである。この場合、原作者と脚本家と監督などが、現在の感覚で、しかもドラマとしての面白さを求めながら、過去を描くことになる。たとえば、ある歴史ドラマが主人公とする人物との関係で、別の人物を「悪玉」として扱っていると、それを見る人に、その「悪玉」像が植え付けられてしまいやすい。織田信長、豊臣秀吉、徳川家康らの人物像は、作品ごとに違っていることは知られているだろうが、あの明智光秀についても、作品によって、描かれ方が違ってきているのである。

テレビで歴史を扱うもう一つの重要な場が、歴史をテーマにしたドキュメンタリーである。ドキュメンタリーの本来の意味は、「虚構によらず事実の記録に基づく作品。記録映画・記録文学など」（『大辞林』）を指す。実際すぐれた記録文学も生まれてきた。だが、一九二〇年代におけるその用例の始まりは映画を念頭に置いていたので、ここでは、映像の上でのドキュメンタリーを考えておきたい。それでもなお、「ドキュメンタリー映画」や「ドキュメンタリー写真」という分野もあり、それらが歴史をテーマにすることがある。しかし、歴史をテーマにしたドキュメンタリーとして今日最もポピュラーなのは、テレビにおけるドキュメンタリー番組であろう。その代表例が、「日本の素顔」（ＮＨＫ、一九五七～六四年）、「現代の記録」（ＮＨＫ、一九六二～六四年）、「新日本紀行」（ＮＨＫ、一九六三～八二年）、「ＮＨＫスペシャル」（ＮＨＫ、一九八九年～）や「映像の世紀」「その時　歴史が動いた」「歴史秘話ヒストリア」（いずれもＮＨＫ）などである。

いずれも実際の場所や人や物を画像化して実証しながら、説得的に歴史を再現してくれる方法を取っている。事実の記録を積み上げながら作り上げるのだから、客観的で公正であり、恣意的な操作の余地のない歴史が提供されるように思われる。

それでも「ドキュメンタリーは嘘をつく」と言われる（森、二〇〇八年）。森の説明に拠れば、製作者は現場に行く前にストーリーを考え、現場で撮影してきた映像をみて「台本」を考え、画像と画像をつなぐ言葉を選ぶのである。もちろん現場で取った画像は嘘はつかないかもしれないが、このような制作の過程では、主観が入る余地が大いにあるのである。それは映像とナレーションの関係であり、ナレーションは製作者の主観が入るためである。加えて、映像の選び方や取り方も嘘をつきやすい。森はドラマとドキュメンタリーの違いは明確ではないのだと強調している。

実際、私が少し関係した「世界遺産」関係のドキュメンタリーでも、どのような視線から映像を撮ってくるか、ナレーションの中でどのような言葉や表現を使うかで、歴史の提示の仕方が変わってくる余地があると感じたものである。

だから、歴史ドキュメンタリーといえども、そのままそれが客観的な歴史であるとは、鵜呑みにしないでおきたい。

歴史漫画

電子データと画像と文字の三つのメディア領域にわたって歴史を提供するのが、漫画（マンガ）である。年配の人の場合、文字などのアナログ媒体に慣れてきているわけであるが、その世界で歴史に触れるのは、最初は漫画を通してではないだろうか。一九六〇年代には、白土三平の『忍者武芸帳影丸伝』『カムイ伝』などが多くの読者を集めた。

歴史漫画には「学習漫画」と称するジャンルがあって、歴史のシリーズものがその柱になっている。今日、漫画について興味深いのは、この出版不況の中で、歴史の学習漫画が「売れに売れ」ていることである（『朝日新聞』二〇一六年九月六日）。たとえば学習漫画の「日本の歴史」シリーズは、ほとんどの大手出版社が取り上げ、小学生からその祖父母までの広い世代に購入されているという。

そこで学習用の歴史漫画の出版の歴史を調べてみると、「日本の歴史」の通史シリーズの場合、一九八〇年代と二〇一〇年代に出版の山があることがわかる。年代的に分けてみると、

一九六〇年代　一シリーズ
一九七〇年代　一シリーズ
一九八〇年代　五シリーズ
一九九〇年代　二シリーズ
二〇〇〇年代　一シリーズ
二〇一〇年代　六シリーズ

という具合である。「世界の歴史」の場合は、一九八〇年代に三シリーズ、その後一九九〇年代、二〇〇〇年代、二〇一〇年代に各一シリーズで、一九八〇年代に盛り上がったあとは、低迷している。いずれのシリーズも歴史学者が編集や監修に関与していて、学習用になっている。漫画の歴史ブームは日本史を舞台にしているようである。だが、驚くべきことに、大学受験のためのマンガ世界史も出ているのである。

このような漫画の歴史シリーズを読む場合に、そこに書かれている歴史をそのまま信頼してもいいのだろうか。

ここで、最近の『東京新聞』の朝刊が一面に大々的に扱った学習漫画「日本の歴史」に関する記事（『東京新聞』二〇一六年一一月六日）に、注目してみよう。記事は、「入れ替わった九条提案」と題され、一九八一年以来刊行されている小学館の学習漫画「日本の歴史」の第二〇巻『新しい日本』の中の「記述＝せりふ」が、一九九三年版と一九九四年版の間で変化している点をついている。一九四六年一月二四日の幣原首相とマッカーサーの会談を描いたコマの中の吹き出しに書かれた「せりふ」が、九三年版までは、幣原がマッカーサーにたいして「病中いろいろ考えたのですが、新しい憲法には、戦争放棄ということをもりこみたいと思います。」と言うと、マッカーサーが「大賛成です！」と応ずる形になっていた。しかし、九四年版では、マッカーサーが「いろいろ考えたのだが、新しい憲法には、戦争放棄ということを盛り込もうと思う。」と幣原に告げる形になっている。つまり、九三年版では、憲法九条の戦争放棄は日本の主体的な選択だったと示唆されているのにたいして、九四年版

入れ替わった9条提案

学習漫画「日本の歴史」

「幣原」→「マッカーサー」に

戦争放棄を盛り込んだ憲法九条は、日本側の意思でつくられたのか、それとも連合国軍総司令部（GHQ）に押し付けられたものなのか。長く論争となってきたテーマについて、読者の方から興味深い情報が寄せられた。小学館の学習漫画は当初、幣原《しではら》喜重郎《きじゅうろう》首相の提案と表現していたが、ある時からマッカーサーGHQ最高司令官の提案に変わったという。記載はいつごろ変わったのか、どんな事情があったのか、学習漫画を巡る「謎」を追った。

小学館の学習漫画「少年少女日本の歴史」第20巻。変更前㊤は幣原首相、変更後㊦はマッカーサーの提案としている＝いずれも©SHOGAKUKAN

図1－2　第9条の提起者は？

ではそれはアメリカの押し付けだったと主張していることになっているのである。新聞の記事では、どのような経緯でだれがいつ差し替えたのかを調べたが、結局不明のままだったと述べている。

漫画の特徴として、図像で見てしまうので、以前の版との違いが気づかれにくいという点がある。しかも、注などがないから、論拠が不明のままに説明が進んでしまう。そうして、一方的な情報が印象づけられてしまうのである。

一般的に歴史漫画については、以下のような特徴があると思われる。その一つは、ストーリーに関してである。たしかに歴史漫画は読んで面白く、明快なストーリーが描かれている。ここから歴史に興味を持ち、もっと歴史を知りたいと思う人が出てくるのもうなずける。しかし、よく見てみると、出来事自体や出来事と出来事の因果関係などが非常にシンプルに描き出されている。また、間違ったことは書かれていないとしても、面白くないことは取り上げられない傾向がみられる。このような描き方からは、歴史の動きに疑問を持ったり、多様な理解をする力が育つことはないように思われる。だから、いとも簡単に書き換えられるのである。

今一つは、図像についてである。歴史漫画は、人物や生活や景色を明快に描いて読者に見せてくれる。しかし、それは、人物や生活や風景についてのイメージを、作者があらかじめ与えてしまうことになる。人物の表現や動作についてもある程度描いてしまうのである。作者というのは、現在に生きている人だから、言ってみれば、「現在」の感覚で、過去を見てしまうことにもなる。だが、それらのイメージは、歴史を学ぶ者が、歴史上に残された文字や図像から想像する多様なものであるはずである。歴史漫画はそういうものを奪ってしまうのである。

そして、なによりも、個々の場面に史実が描かれているとして、それがどのように確定されたのかはわからない。漫画の中には参考にした専門書や文献が挙げてある場合もあるが、それは個々の事実の確定について説明するものではない。だから、漫画の描き手によって、歪められていても読者にはわからないのである。

あまり専門的な詮索をしなくても、一般の読者はこうしたことに気をつけて漫画を読んではどうだろうか。たとえば、「日本の歴史」の場合、シリーズがたくさん出た一九八〇年代と二〇一〇年代とでどう違うのかを気にしてみる。あるいは、それとともに、各シリーズ同士、どのように違うのかも比較できればいいかもしれない。たとえば、それぞれの「日本の歴史」のシリーズにおいて、「琉球」

や「アイヌ」や「韓国併合」がどのように描かれているかを比べてみるのもよいだろう。こういう「比較」をしてみると、「間違い」に気づかされるとともに、歴史漫画も多様な作り方がされている、つまり、歴史を見る観点が多様であることがわかるであろう。

マンガは文字のほか、テレビやネットでも見られるわけであるが、その場合にも、この歴史漫画についで言えることとほぼ同じようなことが言える。だが、テレビやネット上でマンガを他のマンガと比べる機会はきわめて限られると言わねばならない。

歴史小説

かつて、戦後長い間、歴史を一般的に読む機会は、歴史小説が提供していた。歴史小説は、それなりの歴史を持っている。戦前に島崎藤村（『夜明け前』一九二九～三五年）や森鷗外（『阿部一族』）や吉川英治（『宮本武蔵』一九三五～三九年）らが歴史小説の草分けをしたあと、戦後は一種のブームを迎えた。司馬遼太郎（『竜馬がゆく』一九六二～六六年、『坂の上の雲』一九六八～七二年）をはじめとして、山岡荘八（『徳川家康』一九五三～六七年）や吉川英治（『新・平家物語』一九五〇～五七年、『私本太平記』一九五九～六二年）や陳舜臣（『阿片戦争』一九六七年）や永井路子（『炎環』一九六四年）など多数の歴史小説が発表された（藤村の読み方については、小谷汪之『歴史と人間について――藤村と近代日本』東京大学出版会、一九九一年が参考になる）。

ところで、歴史小説をそのまま歴史と考えてしまう、つまり歴史小説に書かれている出来事をそのまま歴史的事実であると受け取ってしまうことは多いのではないだろうか。歴史と歴史小説との関係については、すでに長い議論がある（たとえば、『歴史評論』二〇〇九年一月号参照）ので、ここではそこに詳しくは立ち入らないことにして、要点だけを確認しておきたい。歴史小説はもちろん歴史上の出来事に基づいて書かれている。多くの場合、その出来事もきちんと歴史的に確認された形で使われている。しかし、その出来事の背景や状況の説明、あるいは出来事と出来事の間の関係の説明においては、作者の想像・創作に負うところが非常に大きい。そこが作家の腕の見せどころでもある。登場人物のある行動に至る過程や心理状況は作家によって「語られる」ことになる。たぶんその多くは、歴史小説の中の「会話」に込められているのであろう。言ってみれば、歴史小説家は史実の中の人物になりきって、その目と心で語ることができる。歴史家の場合は、出来事の背景や状況の説明や、出来事と出来事をつなぐ関係の説明は、できるかぎり確定された事実によって行おうとする。もちろん歴史家もある程度は想像を駆使しなくてはならないこともあるが、できるだけそれを抑え、説明できないところは、説明できないと認める。「会話」は入れない。歴史家は史実の中の人物の目線で考えようとはするが、その人物になりきることはない。したがって、歴史家の作品は歴史小説ほどには「面白」くないことが多い。

だが、旧来の歴史小説は一九七〇年代を境にその後はやや低迷している感がある。代わりにノンフィクションの歴史といわれる作品が登場した。吉村昭『戦艦武蔵』（一九六六年）、『関東大震災』（一九七三年）、『ふぉん・しいほるとの娘』（一九七八年）、『ポーツマスの旗』（一九七九年）などに代表されるものである。これは可能な限り事実に基づいて歴史を構成する方法を取っている。このようなノンフィクションの歴史は歴史家の歴史とほとんど違いがないと言ってよいほどである。

ノンフィクションの歴史と歴史家の歴史の違いは何であろうか。一つには、ノンフィクションの歴史に比べて、歴史家の歴史はできるだけ、事実自身に語らせようとする傾向が強いという点があるであろう。事実と事実をつなぐ文脈に自分の言葉をできるだけ入れないという傾向がある。二つには、歴史家は、そのテーマについての過去の研究の成果を慎重に点検するという点で、ノンフィクションの歴史と違うということが言えよう。つまり研究史を重視しているという点である。三つには、歴史家は、個々の概念をその時代における意味において再構成してから使い始めるという点も指摘できよう。たとえば、ネイションという概念も、歴史家は怖くて使えないほど、複雑な含意を持っているので、まじめな歴史家はこの概念を使うときには、自分はどういう意味で使うかをあらかじめ規定してから使い始めるはずである。そういうわけで、歴史家の歴史はあまりおもしろくないかもしれない。

話を戻すと、最近は、ノンフィクションの歴史にたいして、歴史小説の側から新たな反応があって、船戸与一『蝦夷地別件』（一九九五年）や『満州国演義』（二〇〇七〜一五年）に見られるように、客観的とされる事実を柱にしつつ、それをつなぐところにフィクションの人物や情景を入れて、全体として歴史小説に作り上げるジャンルが生まれつつある。

ノンフィクションの歴史も新たな歴史小説も、最後に参考にした文献が一覧されてはいるが、それだけではどこが客観的とされる事実で、どこがフィクションなのかがわからない。だからあくまでも作者の歴史像が中心になっていて、その限りでの当時のいきいきとした歴史イメージを与えてくれるものとして読む必要があるであろう。

歴史書

最後に「歴史書」についてみてみよう。その「歴史書」もさまざまなのである。書店の歴史コーナーでは、「日本史」「世界史」を問わず、多様な「歴史書」をみることができる。いわゆる日本史関係の歴史書は枚挙にいとまがないほどであるので、ここでは、最近の「世界史ブーム」に関連して、「世界史」の歴史書を見てみよう。過去一〇年ほどのあいだに「世界史」と名のつく書籍は、以前に比べると驚くほどに多く出版された。個別史は除いていわゆる世界史の書籍について見ると、これをいくつかの特徴で区分することができる。

一つは、「効用」ないし「実用性」を説く世界史である。たとえば、最近の数年間に出た書籍を見てみると、以下のようなものが目につく。

河合敦『世界史もわかる日本史』実業之日本社、二〇一二年
関眞興監修・造事務所編著『図解でスッキリ！　世界史「再」入門』日本経済新聞出版社、二〇一二年
小谷野敦『日本人のための世界史入門』新潮新書、二〇一三年
角田陽一郎『最速で身につく世界史』アスコム、二〇一五年

出口治明『仕事に効く　教養としての「世界史」』祥伝社、二〇一四年

二つには、「教養」としての世界史がある。専門的な研究を背景に置きながら、一般に広く読めるような歴史書になっているものである。たとえば、次のようなものがある。

W・H・マクニール『疫病と世界史』上下、中公文庫、二〇〇七年、同『世界史』上下、中公文庫、二〇〇八年

羽田正『新しい世界史へ』岩波新書、二〇一一年

ジャレド・ダイアモンド『銃・病原菌・鉄』上下、草思社文庫、二〇一二年

佐々木寛『南からの世界史』文芸社、二〇一二年

ユヴァル・ノア・ハラリ『サピエンス全史』上下、河出書房新社、二〇一六年

ジェフリー・ブレイニー『小さな大世界史』ミネルヴァ書房、二〇一七年

そして三つ目に、学術書としての世界史がある。これは研究書である。たとえば、

小川幸司『世界史との対話』上中下、地歴社、二〇一一～一二年

星乃治彦・池上大祐監修『地域が語る世界史』法律文化社、二〇一三年

P・マニング『世界史をナビゲートする』彩流社、二〇一六年

秋田茂他編著『「世界史」の世界史』ミネルヴァ書房、二〇一六年

羽田正編著『地域史と世界史』ミネルヴァ書房、二〇一六年
羽田正『グローバル化と世界史』東京大学出版会、二〇一八年
南塚信吾『「連動」する世界史』岩波書店、二〇一八年
木畑洋一『帝国航路を往く』岩波書店、二〇一八年
小谷汪之『中島敦の朝鮮と南洋』岩波書店、二〇一九年

などである。

このほかに、『もういちど読む　山川世界史』（山川出版社）のように高等学校の世界史の教科書を再版した本や、大学受験の予備校の講師が説く世界史の本も出ている。後者の例は、

神野正史『現代を読み解くための「世界史」講義』日経ＢＰ社、二〇一六年
神野正史『「世界史」で読み解けば日本史がわかる』祥伝社、二〇一七年

これは教養書でもないし、学術書でもないが、若い人の世界史理解に少なからず影響があるようである。

いずれの部類の歴史書も、私たちの歴史への関心を広め・深めてくれるために、大切な本である。それでも、歴史書を上のように区別してみると、それなりの心構えでその本を読めるはずである。この中で最も多く出版されているが、最も注意して読まなければならない本は、第一の部類にはいる歴

史書で、「効用」ないし「実用性」を説く世界史である。歴史において「役に立つ」ことは大切なことではあるが、これらの本がたんなるアジテーション、つまり著者の一方的な主張であっては困るのである。それは、どうしたら見分けられるのだろう。結局は読んでみなければわからないのだが、さしあたり、先行研究を踏まえているかどうか、については見分けることができるであろう。それは、参考文献や注が書かれているかどうかを探せば、ある程度は見分けられる。また、著者がどういう教育・研究の経歴を持ち、現在何をしている人であるかを確認することも大切である。これは本のうしろにある「奥付」などから知ることができる。そういう「経歴」は必ず著書に反映するものだからである。そして次に、筆者が一つ二つの事実を捕まえただけで、それでもって全体を論じようとしていないかどうかも、見分ける参考になる。これは、本をパラパラめくって、何ページか読んでみると、わかる場合がある。

＊　＊　＊

このように今日、多彩な歴史がわれわれのまわりにあふれている。改めて言うならば、このような状況下において、歴史という名がつけば、どれも意義のある歴史なのか、すべて学ぶに値する歴史なのか、という問題が出てくる。意味のある歴史をかぎ分けなければならないのである。では、その方法は何か。それが本書全体の課題である。それを問う前に、歴史と言われるものは、いったいどういうものなのかを考え直しておこう。

2　「歴史は大切だ」と人は言うけれど

歴史と「歴史」

歴史は大切だよね、と言うと、これを否定する人はいない。しかし、歴史とは何を指すのかは、人によってまちまちである。

かつては、過去に起こった出来事自体を指す歴史 History と、それを基にして書かれた「歴史」Historiography とは区別すべきであると言われ、それで満足できていた。しかし、現在では、この関係はもう少し複雑である。ここに至るまでの変化を簡単に見ておこう。

一九世紀においては、過去の出来事はそのまま史料として残されており、史料として表現された事実が、歴史家という人間の「手」を通して、「歴史」として姿を現すものと考えられていた。いわば事実が語るというわけである（図1‐3）。これは「事実信仰」（E・H・カー）と言われたりする。

しかし、二〇世紀になると、歴史家の「手」だけでなく「心」が重視されるようになる。つまり歴史家の「解釈」である。過去に起こった出来事のすべてが歴史家の対象とする事実ではなくて、歴史家の「心」に触れた出来事が「歴史的事実」として歴史家の解釈の対象となる。それが、歴史家の「心」つまり「解釈」を通して、一つの「歴史」として構成されるのだと考えられるようになった。この歴史家の「解釈」の基準になるのは、歴史家が「未来」との間に行う「対話」から得られる「方

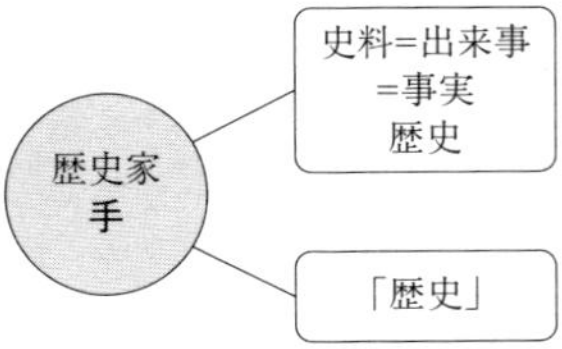

図1－3　19世紀的見方

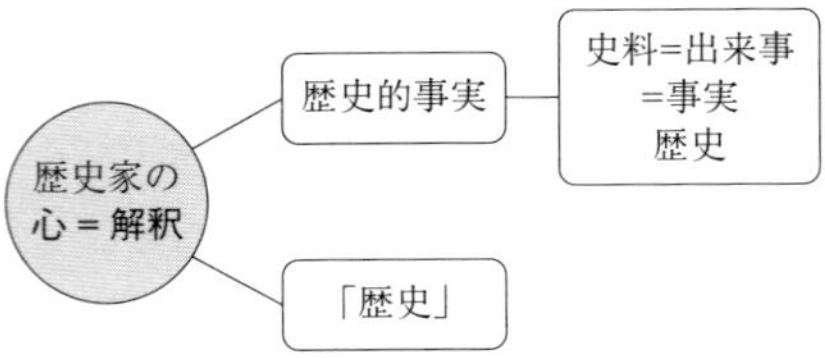

図1－4　E. H. カーらの見方

向感覚」であるとされる（図1－4）。これは二〇世紀初頭のイタリアのB・クローチェに始まり、一九六〇年頃のイギリスの歴史家E・H・カーに至るような歴史の見方であって、一九八〇年代までは支配的であった。

ところがその後になると、歴史家をはじめとした人間の「心」の役割がもっと強調されるようになる。

この点をやや図式的に理解するために、マイケル・スタンフォードの『歴史的知識の本性』という本（Stanford 1986）でまとめられているところを紹介してみよう。

図1－5は、歴史的な知識というものがどのように作られていくのかを、わかりやすく整理したものである。元来のスタンフォードのシェーマを若干筆者が修正したものである。少し解説をしてみよう。

① まず、過去にある「出来事」が起こる。これは「歴史上の出来事」である。

② この「歴史上の出来事」はなんらかの目撃者や証人が見て記録に残される。その際、「歴史上の出来事」は、あくまでもその目撃者なり証人の「心」でいったん受け取られるのである。「歴史上の出来事」は、その人の

「心」、つまり「考え方」や「コンテクスト」を通して、理解されることになる。

③　つぎに、「歴史上の出来事」は、その人の「心」、つまり「考え方」や「コンテクスト」を通して理解されたうえで、記録に残される。それが「史料」である。だから、「史料」は目撃者ないし証人によって「構築」されるのだと言ってもいい。「出来事」が直接「史料」となるわけではない。したがって「史料」は常に「だれ」によって「いつ」「どこ」で「なぜ」書かれたのかと問われなければならない。これは従来も「史料批判」として重視されてきたことであるが、しかし今ではいっそう強く「構築」の面を検討しなければならない。

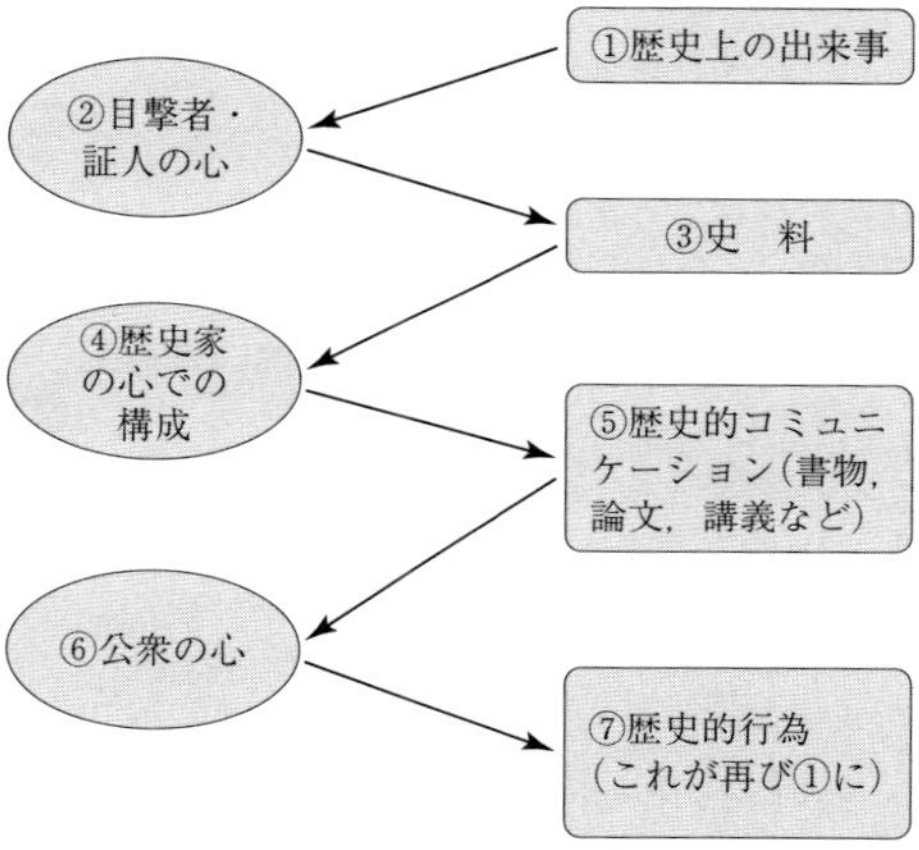

図 1－5　今日の考え方

出典：Micheal Stanford, *The Nature of Historical Knowledge*, Blackwell, 1986, p. 6 を修正。

④　つぎに、歴史を書く人（これを歴史家と呼ぶことにしよう）は、この「史料」を使って書くことになる。その際にも歴史家は、自分のさまざまな価値観や環境に影響されながら、「史料」を読み解き、解釈し、利用していくことになる。つまりここでも歴史家の「心」による構成、歴史家による「構築」が行われていくわけである。

⑤　そのうえで、歴史家が行う歴史記述が出てくることになる。これが「歴史的コミュニケー

ション」と言われているものである。それはさまざまな書物や論文であったり、講演や講義であったりする。その際、歴史家はどういう形式で、どういう脈絡で「コミュニケーション」をするのかということが、その歴史記述を決めていく。④と⑤を合わせると、「歴史家を研究しなさい」というカーの言葉が効いてくるのである。一九八〇年代頃まではこれが一番大事な「史料批判」であった。

⑥　さらに、歴史記述は「公衆」つまり読者や聴衆に受け取られるわけであるが、それはまたしても「公衆」の「心」によって受け取られるわけで、「公衆」はかれらなりの価値観や環境に影響されながらそれを受け取ることになる。

⑦　そして、そのように受け取ったうえで、かれらは歴史的な「行為」を行う。それは行動であったり、無為であったり、さまざまである。ここには、政治的な綱領の発表とか、スローガンの公表といったことも入る。そしてこういうことがまた、新たな歴史上の「出来事」になるのである。

こう考えると、われわれはどの段階のものを「歴史」と捉えているといえるだろうか。多くの人は、①自体を歴史と考えて、それが大切なのだと考えているかもしれない。しかし、それは現在のわれわれには直接に接することのできない過去であり、②のように人の「心」を通してしか残らないものなのである。③の「史料」そのものは、それを「歴史」と考える人は少ないかもしれない。①についで、多くの人が「歴史」と考えるのは、⑤の「歴史的コミュニケーション」つまり書物や論文や講義、それにさまざまなメディアで提供される「歴史」であろう。学校で教えられる歴史の大部分はこれである。あくまでも、それは④のような歴史家の「心」で「構築」されたものなのである。

「ポスト真実」時代の歴史

上のスタンフォードのシェーマには、事実を文字化する人や歴史を書く人の「心」が入っている。この「心」というのは、「価値観」であったり「偏見」であったりする。このスタンフォードの考えは、一九八〇年代から広がった「ポスト・モダン」の考え方をある程度取り入れたものである。人の「心」による「構築」の役割を重視しているわけである。しかし、だから、事実の追求を放棄しなさいと言っているわけではない。事実というものにはいろんなニュアンスが付随していることを自覚して、できるだけ事実を共有しようという姿勢を持っている。

ところが、最近登場してきている「ポスト真実」や「フェイクニュース」という考えは、本当の事実はどうでもいいのだという考えである。客観的な事実よりも、一般社会の世論や、人々の感情や信仰に訴えることを重視する考えである。この考え方からすると、歴史は、事実に基づいて語られるから意味があるのではなく、事実らしきものに基づいて語られ、人々にアピールできるかぎりで意味があるということになる。これはもはや本来の歴史ではない。

スタンフォードのシェーマに戻って考えることにしよう。「ポスト真実」の考えによると、「歴史」は以下のようなものである。①「歴史上の出来事」はあってもなくてもよいのであって、②の「目撃者・証人の心」が「歴史上の出来事」（らしきもの）をもとにして、③「史料」を生み出し、そのうえで「歴史」を作り上げる。その場合は③「史料」も本来の意味を失っている。とくにネットの世界では、③「史料」らしきものを簡単に添付して、そのうえで「歴史」を作り上げることができる。

たとえば、イラクが「大量破壊兵器」を持っているという「証言」をもとに、イラクの現代史を作り上げて、イラクへの武力攻撃を正当化する場合がこれである。二〇〇三年三月に、アメリカ合衆国大統領ジョージ・ブッシュは、以下の理由を第一に掲げて、イラクに軍事攻撃を行った。以下は二〇〇二年一〇月に行われたブッシュ大統領の演説の一部である。

世界にはたくさんの危険がありますが、イラクの脅威は抜きんでているのです。なぜならば、イラクはわれわれの時代の最も重大な危険を一か所に集中しているからです。イラクの大量破壊兵器は一人の残忍な圧政者によって支配されており、その圧政者はすでに何千人もの人々を殺すために化学兵器を使用したことがある人物なのです（President Bush Outlines Iraqi Threat, Office of the Press Secretary, October 7, 2002 http://georgewbush-whitehouse.archives.gov/news/releases/2002/10/20021007-8.html）。

こういう判断はイラクが「大量破壊兵器」を持っているという「証言」をもとにしていた。しかしその後、二〇一一年には、イラク攻撃を正当化する根拠とした大量破壊兵器に関する情報を提供したイラク人科学者が、サダム・フセイン大統領（当時）を失脚させるために嘘をついていたことを認め

（二月一六日AFP）英紙『ガーディアン』二〇一一年二月一五日）、さらに米英の調査委員会は、二〇一六年になって、イラクに大量破壊兵器は見つからず、イラク戦争開始の根拠は間違いであったという結論を出したのだった（『毎日新聞』二〇一六年七月八日）。

世間には「フェイクニュース」があふれている。しかしそれは偶然あふれているのではなくて、誰かが、意図をもってあふれさせているのである。受け取る方も心して対応しなければならない（「広がる　フェイクニュース」『朝日新聞』二〇一八年四月一五日）。冒頭に述べた三つのメディア領域の「ネット」においても「文字」においても「画像」においても「ポスト真実」は増えてきている。とりわけ、「ネット」ではそれがあふれているのである。

＊　＊　＊

本章では、さまざまな場で語られる「歴史」が、すべて等しい質を持ったものではなく、いろいろな問題点をもったものである可能性があるということを指摘してきた。それは歴史的知識が作られる過程で歴史家の「心」が作用することに由来する面が多いことも指摘してみた。では、そういう問題点に気づき、それを乗り越えるにはどうするか。以下の各章では、それを考えるために、歴史を専門に研究・教育している者は、歴史にどのようにアプローチしているのか、そこでどのように「歴史的な思考」を駆使しているのかを点検していくことにする。

参考文献

小田中直樹『歴史学ってなんだ?』ＰＨＰ選書、二〇〇四年。

野家啓一『歴史を哲学する』岩波書店、二〇一六年。

森達也『それでもドキュメンタリーは嘘をつく』角川書店、二〇〇八年。

研究会「戦後派第一世代の歴史研究者は二一世紀に何をすべきか」編『われわれの歴史と歴史学』有志舎、二〇一二年。

Cannadine, David, *What is History Now?* Palgrave, 2002.（Ｄ・キャナダイン『いま歴史とは何か』平田雅博・岩井淳・菅原秀二・細川道久訳、ミネルヴァ書房、二〇〇五年）

Carr, E. H., *What is History*, Cambridge UP., 1961.（Ｅ・Ｈ・カー『歴史とは何か』岩波新書、一九六二年）

Evans, Richard J., *In Defense of History*, W. W. Norton, 1999.

Jenkins, Keith, *On "What is History?"* Routledge, 1995.

Stanford, Micheal, *The Nature of Historical Knowledge*, Blackwell, 1986.

第2章　歴史の中で「他者」と出会う

小谷汪之

1　歴史の中のさまざまな「他者」

私たちはいろいろな場で、いろいろなメディアを通して歴史――「描かれた歴史」――と出会う。歴史とのさまざまな出会いはそれぞれの意味で魅力的なことであるが、なかでも刺激的なのは歴史の中で、さまざまな「他者」と出会うことであろう。私たちは歴史の中で、いろいろな「他者」と出会い、その出会いを通してたくさんのことを知ったり、学んだりすることができる。本章では、歴史の中における「他者」との出会いの二つの対照的な事例を取り上げて、歴史の中で「他者」と出会うことの意味を考えてみたい。

第一の事例は「土人」という言葉で表される「他者」である。この「土人」という「他者」を取り上げるのは、先年、沖縄に派遣された大阪府警の一機動隊員が沖縄の人たちに対して、「ボケ、土人が！」という罵声を投げつけるという事件が起きたからである。この事件をきっかけとして、「土人」とは、どのような「他者」なのか、ということを改めて考え直してみたいと思う。

二つ目の事例は、かつて日本人が日本の植民地支配との関係で出会った「他者」である。先の戦争、いわゆるアジア・太平洋戦争の時代には、多くの日本人がなんらかの形で植民地支配とかかわり、その中で、いろいろな「他者」と出会った。「土人」という言葉もこのことと深く関係しているのだが、ここでは、中島敦《なかじまあつし》という小説家が、日本統治下の南太平洋トラック諸島（現、ミクロネシア連邦共和国チューク州）滞在中、たまたま手にした一冊の書物の中で出会った一人の「他者」を取り上げることにしたい。そこに、歴史の中の「他者」との出会いがもつ、いくつもの可能性を見ることができると思うからである（以下、引用文中の〔　〕は筆者による補足、修正等である。また、引用文中の漢字には適宜ルビを補った）。

2　「土人」とは、どのような「他者」なのか？

デフォルメされた「他者」

二〇一六年一〇月一八日、沖縄県東村高江のアメリカ軍用ヘリパッド建設に抗議する沖縄の人々に対して、大阪府警の一機動隊員が、「触るなクソ、触るなコラ、どこつかんどんじゃコラ、ボケ、土人が！」という罵声を浴びせかけた。

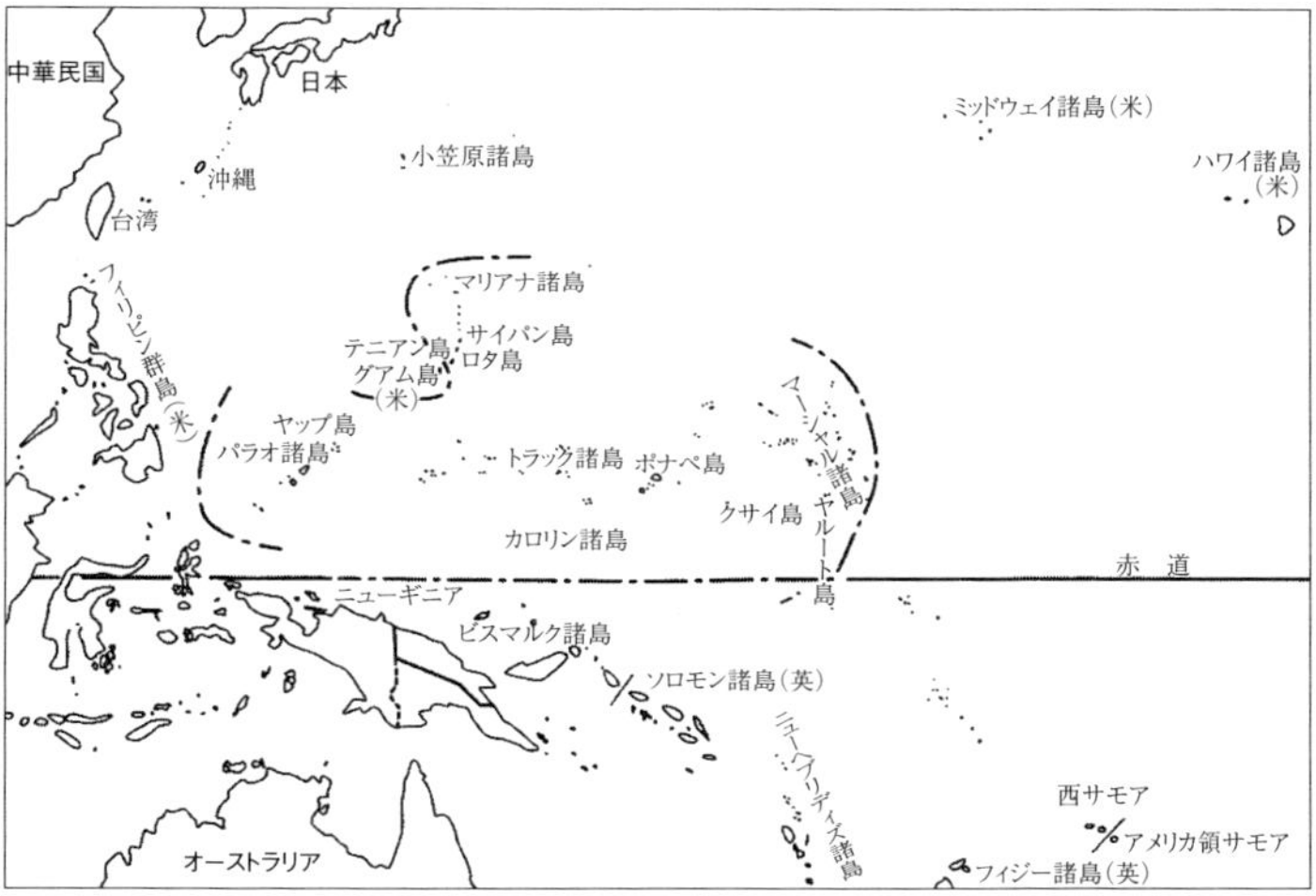

図2－1　日本の国際連盟委任統治領（―・―・―の内部，1922-45年）

この「土人」発言は、沖縄県民を激怒させただけではなく、多くの人々に衝撃を与えた。それは、もはや死語になったかのように思われていた「土人」という言葉が、二〇歳そこそこの若い機動隊員によって使われたということからくる衝撃であった。この若い機動隊員はいったいどこからこんな言葉を聞き知り、どうして沖縄の人々に対して、こんな言葉を投げつけたのかと驚かされたのである。

「土人」という言葉は、戦前の日本においては、南洋のパラオ諸島、トラック諸島など日本の国際連盟委任統治領（いわゆる「南洋群島」）の現地民や、インドネシア、ビルマ（ミャンマー）など南方の日本軍占領地の現地民を指す言葉として、広く使われていた。当時の日本人にとって、「土人」とはなによりも「南洋の土人」として、「身近な」存在だったのである。

この多くの日本人にとって「身近な他者」であった「南洋の土人」は、しかし、現実に南洋で生きていた人々の等身大の姿ではなく、彼らの生き方の一部分を極端に誇張することによってデフォルメされた「他者」であった。

戦前の日本では、南洋にかんする本がかなり出版されていた。そんな「南洋もの」の著者の一人に安藤盛《さかん》（一八九三〜一九三八年）という人物がいる（青木『放浪の作家　安藤盛と「からゆきさん」』参照）。安藤が一九三三（昭和八）年に刊行した『南洋と裸人群』は「南洋もの」の比較的早い例で、一九三二年から翌年にかけて、彼が二度にわたって南洋旅行をした時の見聞に基づいているという。しかし、そこに描かれているのは、連日のように歌と踊りと性的享楽に明け暮れ、それ以外のことには何の関心ももたない「南洋の土人」という像である。そうした性的享楽のために、出生率の低下をきたし、今や彼らは衰亡の淵に立たされている、というのが安藤の描く南洋であった。

この著書には、トラック諸島の「椰子《やし》の豊年踊り」の話、パラオ諸島の女性「性教育」の話、「夜這《よば》い棒」の話など、到る所にこの手の話が充満している。

トラック諸島の「椰子の豊年踊り」は、「一夜や二夜でなくて、短い期間のものでも五六十日。長いのになると、半年も毎夜々々打ちつゞけて」行われる。「部落の集会所のところにある、その踊り場」では、大きな焚火がたかれ、「この火の柱を境にして、男と女とは互いに歌を唄うて踊って踊りぬく」。焚火が消えると、「男女両群は、何ともいえない歓喜の叫びを上げて、その火の上を飛び越え闇の中に男は女を、女は男をと、いきなり手をとる」。「それは、自分の恋人か何かすこしもわからない、早いもの勝ちの戦場で、相手を捕えたものは、そのまま、林の中へかくれる」。「そして、夜が白ら〴〵と明けて来ると、百鬼夜行の世界も、次第に影をひそめて、ちり〴〵に家路」につき、「すぐにやって来る「夜」をたのしみに、一家の者がウツラ〳〵と昼寝をむさぼるのである」（『南洋と裸人群』二三二～二三六頁）。

「パラオ島では、もう、一人前の女になるのを待って、部落中での手取り女が、若い娘たちを、秘密に召集して、性愛に関するいろんなことを教える。そうした場所は勿論、男子禁制で、すこしも覗き見することはできない」、「これはカナカ族〔南洋の現地民一般をさす言葉〕の、女性の、女に生まれた者の踏まねばならぬ科度《ママ》である。〔中略〕勿論、性教師に対して謝礼を贈るようなことも、取ることもない、公共的なものであり、その教場の如きも一定していずに、あるときは、その先生の家屋の土間で、或るときは女のみの集会所の中で、〔中略〕エロの世界を現出する。男子禁制の理由はこゝにあるが、私は、この性の秘密学校の先生へなりと、せめて、一目逢うて日本に帰りたい希望を持って、そのことをカナカの青年に話したら、彼は目を丸く剝き出して、『こっそり覗いて見ても、わかったら大変なことになりますからなァ』と手を横へ打ち振った」（同、二六四～二六五頁）。

「彼等の家の構造は、床が高くて四方風通しがよく、何処からでも床下へ這い込むことができるし、また、女の寝るところは一定し、そして、坐るところや寝るところの床板へは――シリー*――檳榔樹《びんろうじゅ》〔の実〕と石灰とを嚙んで、その唾液を吐き落とす孔が開けてある――そこから忍び男は、忍び棒をそっと床下からつき出すと、女はその棒によって男を知る」。「この忍び棒は、各々の男によって、いろ〳〵な型と彫刻がしてある。女たちは自分の男の忍び棒をよく知っているから、棒さへまさぐれば、自分の男かどうかはすぐに知り、逢曳《あいびき》が完全に遂行される」（同、二八四〜二八五頁）。

＊　シリー（マレー語）は胡椒科の蔓性植物（日本語ではキンマ）。その葉で檳榔樹《びんろうじゅ》の実に石灰の粉を振りかけたものを包んで噛む風習がパラオ諸島などにも広がっていた。

安藤盛の『南洋と裸人群』のみならず、そのほかの多くの「南洋もの」にも、この手の話が繰り返し出てくる。

『南洋と裸人群』には、伏字になっている部分がかなりあるうえ、「風俗壊乱」を理由に、数頁削除処分を受けている（青木、前掲書）。官憲の側も、これらの性的描写を望ましくないとしていたということだが、それはあくまでも日本における「風俗壊乱」を恐れてであって、そのような「南洋の土人」像を「矯正」しようとする意図があったわけではもちろんない。安藤はその後、『南洋記』（一九三六年）という本を出しているが、この本にも、上記のような性的描写がくりかえされ、文章そのものまでまったく同じ場合が多い（ただし、「椰子の豊年踊り」の話は出てこない）。この本は、一九三九年六月には、興亜書院から改版、発行され、版を重ねている。私の手元にある『南洋記』には、「昭和一四年（一九三九年）七月二五日　五版発行」、と記されている。出版後一カ月のうちに、四回増刷しているというわけである。出版法による検閲がどうであれ、このような著書が広く読まれ、それを通して、戦前の日本においては、「歌と踊りと性的享楽に明け暮れる南洋の土人」というデフォルメされた「南洋の土人」像が定着していったのである。

敗戦と「南洋の土人」

ステレオタイプ化した「南洋の土人」像は、敗戦によっても変わらなかった。

敗戦後も、一九五〇年代までは、まだラジオが主の時代だったから、ラジオから「酋長の娘」という歌がよく聞こえてきた。「私のラバ〔lover〕さん、酋長の娘、色は黒いが南洋じゃ美人……」という例の歌である。

これは、旧制高知高校生の間で歌い継がれていた「ダクダク踊り」の歌をもとにして、一九三〇年に、演歌師、石田一松により歌曲化されたものである。この歌に合わせて踊る「デクデク踊り」というのが、敗戦後もよく見られた。男たちが裸になって、体中を黒く塗り、短い腰蓑だけをつけて、めちゃくちゃな踊りを踊るのである。山田風太郎は、一九四六年一一月、但馬に帰省した折に出席した親類の結婚式の宴会で、腰蓑を巻きつけた一人の男が「私のラバさん」を歌い、踊るのを見た（『戦中派焼け跡日記』三九三頁）。こうしたことは、敗戦を通しても、日本人のステレオタイプ的な「南洋の土人」像に本質的な変化がなかったことを示している。

しかも、これは「酋長の娘」のような大衆的歌謡の世界だけに限られたことではなかった。日本の近代的知性を代表するような人々においても、敗戦は南洋の人々を見る目を考え直す契機とはならなかったようである。

フランス文学研究者として有名な渡辺一夫は、敗戦直後の一九四五年八月二六日、新潟の疎開先から汽車で帰京した折に車中で見た「デモラリゼした〔道義心を失った〕人々狂い立った人々愚昧《ぐまい》を深める人々」の姿に衝撃を受けた（渡辺一夫『敗戦日記』一〇五頁）。

そんな時、ある学校の口頭試問で「天皇は陸海軍を統帥す」という文句が、新憲法にあるのか旧憲法にあるのかわからない青年がたくさんいるという事実を教えられて、渡辺は愕然とした（『敗戦日記』二〇〇頁）。考える力を失った青年たちがたくさんいるのではないかということに気づいた渡辺は、学生たちに向かって語るかのように、次のようにのべている。

考えないのが悪いなどとは申しませんが、考えないと大損になると申せましょう。学生諸君に向かって、僕は何も要求できません。しかし、今申した大損になるにきまっているようなことだけはしないようにとは言いたいのです。その上で、恋愛もよいでしょう。ダンスもよいでしょう。そして、深遠な形而上学や詩歌も結構です。しかし、恋愛もダンスも「文化」の所産として練磨され得ますが、それ自体は決して文化の条件ではないのです。犬でも猫でも恋愛をしますし、ポリネシアの土人もダンスをします（『敗戦日記』二〇一頁）。

敗戦後の青年たちのものを考えようとしない風潮を憂慮する渡辺の心意はわかるとしても、恋もダンスも文化の条件ではないと説く文脈で、「犬でも猫でも恋愛をしますし、ポリネシアの土人もダンスをします」という一文が出てくるのには驚かされる。犬猫の方は脈絡がよくわからないが、ダンスというとただちに「南洋の土人」が渡辺の念頭に浮かんだのである。ただ、フランス文学研究者として、ゴーガンの『ノアノア』やピエール・ロティの『ロティの結婚』に親しんできた渡辺にとって、南洋とはタヒチなどポリネシアの島々であった。渡辺の中には、戦前以来変わらない「身近な他者」として、「南洋の土人」が存在し続けていたのである。

敗戦後の日本社会の風潮や日本人の言動に批判的な目を向けた知識人は渡辺以外にもたくさんいる。作家の高見順もその一人で、その『敗戦日記』からは彼の苛立ちのようなものがよく伝わってくる。

敗戦後すぐの一九四五年一〇月二〇日、治安維持法で収監されていた友人の出獄祝いの会に参加した高見が、その帰路、中央線の高円寺駅まで来ると、何か人だかりがしていた。「アメリカ兵が酔っていても いるのか、大声で何か言い、何かおかしい身振りをしている。そのまわりに、日本人が群がっている。そのなかに、若い女の駅員が二人混じっている。アメリカ兵は自分の横を指差して、女の駅員に、ここへ来いと言っている」。「二人の女の駅員は、あら、いやだと言ったあんばいに、二人で抱きついて、嬌態《きょうたい》を示す。彼女等は、そうしてからかわれるのがうれしくてたまらない風であった」。それを見た高見は、日記に次のように書きつけている。

　なんともいえない恥ずかしい風景だった。この浅間《あさま》しい女どもが選挙権を持つのかとおもうと慄然とした。面白がって見ている男どもも、——南洋の無智な土着民以下の低さだ。日本は全く、底を割って見れば、その文化的低さは南洋の植民地と同じだったのだ。自惚《うぬぼ》れていたのだ。私自身自惚れていたのだ（『敗戦日記』三八二〜三八三頁）。

占領軍のアメリカ兵に媚態を示す日本人の女たちを見た高見のやりきれないような気持ちは、私の少年時の体験に照らしても、よくわかる（小谷「民族・アジア・マルクス」）。しかし、日本人の「文化的低さ」をいうために、どうして「南洋の無智な土着民」を引き合いに出したのであろうか。

高見の『敗戦日記』の中には、もう一カ所、南洋が出てくる。それは映画「そよかぜ」（一九四五年一〇月一〇日公開）についての感想を記した箇所である。「そよかぜ」は、その中で並木路子が歌った「リンゴの唄」でよく知られた映画であるが、高見は次のように酷評している。

いや全くひどいものだった。レヴュー劇場の三人の楽手が照明係の娘に音楽的才能のあるのを見て、これをスターに育てあげるという筋。筋も愚劣なら、映画技術も愚劣の極《きわみ》。いつの間に日本映画はこう退化したのだろう。

私は南方で向うの土着民の軽薄な音楽映画を見て、南方植民地の文化の低さをまざまざと見せつけられた気がしたことを思い出した（『敗戦日記』三八五頁）。

「そよかぜ」を見て、「南方植民地」の「土着民の軽薄な音楽映画」と共通する愚劣さを感じ、そこから日本文化も「南方植民地」の文化と同程度の低さだと思ったというわけである。

高見が「南方で向うの土着民の軽薄な音楽映画」を見たといっているのは、英領ビルマの首都だったラングーン（現、ミャンマーのヤンゴン）でのことである。

一九四一（昭和一六）年、高見は陸軍報道班員として徴用され、「南方」に派遣されることになった（その旅行記が「徴用生活」）。一二月二日、大阪からサイゴン（現、ベトナムのホーチミン市）に向けて出発、一二月八日には、船上で日米開戦を知った。「折から香港の沖合いを航行中。一同厳粛な表情」と「徴用生活」には記されている（二六〇頁）。高見らの一行は、サイゴン、プノンペンを経て、タイのバンコックに入った。その後、高見らは英領ビルマの首都ラングーンに進軍する部隊に加わった。一九四二年三月八日、日本軍はラングーンを占領し、軍政を布いた。高見のラングーンでの職務は主に映画の検閲で、高見はほとんど毎日のように多くのビルマ映画を見て、日本軍政に都合の悪いと思われる個所をカットするという作業を行っていた。九月一日、「ヤンナイン・ヤンオウン」というビルマ映画を見た高見はその感想を次のように記している。

残酷な場面を平気でうつしているのは、なにもこの映画だけのことではないが、ちょっとたまらない。

ビルマ人というのは、その民衆の大半はまだ未開の民なのだなと、そんなことを考えさせられる〔後略〕（「徴用生活」三八五～三八六頁）。

敗戦後、映画「そよかぜ」を見た高見はラングーンで見たビルマ映画を思い出し、日本人も南方のビルマ人と同じ程度の「未開の民」なのだと感じたというわけである。

敗戦後も、「南洋の土人」は「未開」を象徴し続けていたのである。

「他者」をデフォルメすることが差別を生む

敗戦後七〇余年という年月の中で、たしかに、「土人」という言葉はしだいに使われなくなり、死語のような感じになっていった。しかし、それは、敗戦後日本本土四島に閉じこめられた日本人にとって、南洋がはるかに遠くなり、「南洋の土人」も「身近な」存在ではなくなっていったからであって、ステレオタイプ化した「南洋の土人」像に代わって、南洋の人々の実像が見えて来たことによるのではない。だから、ステレオタイプ的な「南洋の土人」像は、日本人の意識下にかくれたまま生き続け、それが、時折表層に現れ出た。たとえば、長田弘、鶴見俊輔、高畠通敏の鼎談『日本人の世界地図』（一九七八年）の中に、それが見られる。この鼎談の中で、『冒険ダン吉』という本が話題になり、鶴見がダン吉は南洋で黒人を支配することになっているが、「実は黒人じゃないんだ。島民なんだ」と言ったのに対して、高畠が「「土人」ね」と返している（一四一頁）。戦後三〇年以上たったこの頃になっても、南洋の「島民」というと、すぐに「土人」という言葉が高畠の脳裏に浮かんだのである。それは、決して高畠だけのことではない。

大阪府警の機動隊員が沖縄の人々に対して、「土人」という言葉を投げつけたのも、このような文脈で理解されるべきことだと思う。戦前、沖縄の人々を「土人」と呼ぶ「内地人」がいたということもその根深い背景をなしている。古田中《こたなか》正彦は南洋紀行『椰子の影』（一九二六年）の中で、沖縄の人たちは「台湾でも南洋でも土人と呼ばれると頗《すこぶ》る不愉快に感じ内心憤慨するらしい」（二四三頁）と書いている。「島民」だけではなく、沖縄出身の人たちを「土人」と呼ぶ「内地人」もいたのである。

当の機動隊員は、「土人」という言葉が差別的な意味をもつとは知らなかったと弁解しているようだし、「土人」という言葉には、「その土地の人」という差別を含まない意味もあるとして、その機動隊員の発言を擁護する向きもある。確かに、戦前の日本において、「土人」という言葉がそのような意味で使われていた例はある。しかし、言葉は何よりもそれが発せられた文脈（コンテクスト）において、理解されるべきものである。「ボケ、土人が！」という文脈で罵声として発せられた「土人」という言葉が差別的意味をもたないなどというのはごまかしでしかない。

「土人」という言葉は、「他者」をデフォルメすることによって、差別が生み出されるということを例証するものとして、きわめて重い意味を持っているのである。

3　歴史の中で「他者」と出会い、「他者」を「知る」

中島敦がクバリイと出会う

私は、「李陵」や「弟子」など中国古典籍に材を取った作品で有名な作家、中島敦（一九〇九〜四二年）に深い関心を持ち続けてきた。それは、高校時代に彼の「光と風と夢」という作品を読んで、強く惹きつけられたことによる。それに、中島が三三歳という若さで病没した一九四二（昭和一七）年という年は、私が生まれた年でもある。

一九四一（昭和一六）年七月、まだ専業作家になる前の中島は、当時日本の国際連盟委任統治領

（「南洋群島」）だったパラオ諸島コロール島の南洋庁に、編修書記として赴任した。現地民子弟用の教科書を作るのが仕事で、そのために、中島は「南洋群島」各地の公学校（現地民子弟用の小学校）を視察して回った。

中島は、コロール島を出発して、トラック（チューク）諸島、ポナペ（ポーンペイ）島、クサイ（コスラエ）島を経て、委任統治領最東端のマーシャル諸島ヤルート（ジャルート）島まで行った。中島は、その帰路、船便に欠航が続いたためにトラック諸島に一カ月近く滞在した。そのトラック諸島滞在中のことなのだが、中島の「日記」（一九四一年一〇月二一日）に、次のような記載がある。

朝、高橋氏のボーイ椰子《やし》七箇持参。直ちに二箇喫《きっ》す。後、公学校に到り、「過去の我が南洋」（長谷部言人）を借覧す。面白し。

クバリイの伝記（小説的）を書き度《た》しと思う（「日記」二八六頁）。

この記載の後段を読んだ時、私は何が何だかさっぱり分からなかった。何の説明もなしに、いきなり「クバリイ」という名前が出てきたからである。クバリイとは、一体何者なのか、そして中島はどうしてクバリイなる人物の伝記を書きたいと思ったのか、まったく見当がつかなかった。ただ、この記載の前段には、長谷部言人『過去の我南洋』（これが正確な書名）を面白く読んだと記されているので、この本がクバリイと何か関係があるのかと思った。それで読んでみると、その中にクバリイの略伝が書かれていた（長谷部はクバリーと表記しているが、ここでは中島に合わせてクバリイに統一する）。中島は長谷部の『過去の我南洋』を読んで、クバリイの生涯の概要を知り、その小説的な伝記を書いてみたいと思うほど、クバリイの一生に強く惹きつけられたのである。

中島が、こうしてクバリイと出会うまでには、次のような経緯があった。

一九三三（昭和八）年、東京帝国大学文学部国文科を卒業した中島は、横浜高等女学校の教諭となり、横浜に移り住んだ。しかし、持病の喘息がしだいに悪化したため、一九四一年三月末に学校を休職することになった。ところが、当時文部省に勤めていた友人の斡旋で、急に南洋庁の編修書記として、コロール島の南洋庁本庁に赴任することが決まった。暖かい南洋に行けば、喘息が良くなるかもしれないという期待があったのも一つの理由だったのであろう。そんなことで、中島は「南洋群島」について、何の予備知識もなしに、急遽出かけることになったのである。

他方、南洋庁であるが、一九一四年、第一次世界大戦が始まると、日本は日英同盟を口実としてドイツに宣戦布告し、南洋ミクロネシアのドイツ領の島々を次々と占領していった。第一次世界大戦終結後、ミクロネシアの日本占領地は、国際連盟によって日本の委任統治領とされ、一九二二年、その統治機関として南洋庁がパラオ諸島コロール島に設置された。南洋庁は、委任統治に資するために、ミクロネシア関係の日本語の本を購入して、南洋庁本庁や各地の支庁、小学校（一九四一年に、国民学校と改称）、公学校に配布した。

予備知識なしに南洋にやって来た中島は、視察旅行の船旅の途中で、それらの本を借りて読み、ミクロネシアについての知識を吸収していった。往路の船上では、『南島巡航記』（井上・鈴木合著）という本を読んだ。これは一八九〇（明治二三）年、田口卯吉の一行が天祐丸という小さな帆船で、パラオ諸島やポナペ島などを巡航した時の記録である。中島は『南島巡航記』を読んで、「頗る面白かりし」という感想を「日記」に記している（「日記」二七〇頁）。

中島は、帰路、トラック諸島の夏島滞在中に、公学校で松岡静雄の『ミクロネシア民族誌』（一九二七年）を借りて読んだ。松岡静雄は柳田国男の三歳下の弟で、海軍軍人であった。前に書いたように、第一次世界大戦に際して、日本はミクロネシアのドイツ領の島々を次々と占領していったのだが、その時、ポナペ島を占領した上陸部隊の隊長が松岡だったのである。『ミクロネシア民族誌』の冒頭部分には、ポナペ島占領の様子が詳しく書かれている。松岡は海軍を退役後、南洋の民族学的研究に勤しみ、何冊かの本を出した。その主著が『ミクロネシア民族誌』で、これは五〇〇部刷られ、そのうち一二〇部を南洋庁が買い上げた。中島の「日記」には、『ミクロネシア民族誌』からの長文の引用が各所に見られる。

中島は『ミクロネシア民族誌』を読んだ数日後に、同じ夏島の公学校で長谷部言人の『過去の我南洋』を借りて読み、南洋に足跡を残した多くの欧米人たちと出会った。そのうちの一人がクバリイだったのである。

このように、中島はこれらの本で、さまざまに個性的な、多くの人々と出会ったのであるが、その中で、とくにクバリイに惹かれ、その小説的な伝記を書いてみたいと思った。それはなぜなのか、中島が何も書き残していないので、よくわからないが、クバリイに他の人たちとは違う何かを感じ取ったのであろう。

一九四二（昭和一七）年三月、中島敦は南洋庁から東京出張の許可を得て、帰京した。前年一二月八日、日本とアメリカとの間に戦争（太平洋戦争）が始まり、「南洋群島」は最前線となる危険性が高くなっていた。それでも、中島は「南洋群島」に戻るつもりでいたのだが、帰京後、気管支カタルを患うなど、健康を害して、結局、九月には南洋庁を依願免官となった。

中島が専業作家として生きたのは、この帰京後から、一九四二年一二月四日に喘息の発作で急死するまでの、わずか八カ月ほどの間にしか過ぎない。その間に、かなりの数の作品を書いたのだが、「クバリイの伝記」は、結局、書かれなかった。しかし、中島がクバリイの生涯に惹きつけられたということ、そのことがクバリイへの興味を私の心中に掻きたてた。

長谷部言人が描くクバリイ

一九一五年、文部省はミクロネシアの占領地に学術調査団を派遣した。その中に、後に日本の旧石器時代人骨の研究で有名になる人類学者、長谷部言人（一八八二～一九六九年）がいた。長谷部はポナペ島で現地民の身体計測などの調査を行っていたのだが、その過程で、クバリイという民族学者がかつてこの島で暮らし、この地で没したことを聞き知った。専門が近いこともあって、クバリイに興味を持った長谷部は、その後いろいろな文献にあたって、クバリイの生涯を追ってみた。長谷部が『過去の我南洋』で描いたクバリイの生涯は次のようなものである。

図2-2　ヨハン・クバリイ（1882年）

ヨハン・クバリイは、一八四六年、ハンガリー人の父とドイツ人の母の間に、ポーランドのワルシャワで生まれた。「早く父を失い、母の再嫁《さいか》した波蘭《ポーランド》人 Marcin Kiewicz〔Tomasz Marcinkiewicz〕の扶養を受け」た。一八六三年から六四年、ロシア皇帝を王とするポーランド王国で、「新波蘭王国建設運動」が起こると、これに参加、「重要な任務に就き、遂に官憲の逮捕するところとなった」。この時は釈放されたが、なお運動にかかわったため、「露国官憲の追迫《ついはく》急なるに至って、遂に亡命を余儀なくされ、一八六六〔ママ〕年母の縁故を頼りて、伯林《ベルリン》に到り、衣食の途を求めて、石膏職の許に投じた」。その後、ハンブルクの「ゴドッフルア〔ゴドフロイ〕博物館」の「採集員」〔コレクター〕に採用され、一八六九年、「科学標本採集の為に南洋に派遣され」た。

クバリイはサモア諸島、マーシャル諸島、ポナペ島、パラオ諸島などで標本の採集や民族学的調査を行い、一八七五年末、ハンブルクに帰着した。その後、再び南洋に派遣され、ポナペ島で「ジョカージ大酋長の親戚にあたる女とアメリカ人との間に生まれたアナ AnaYerlit を妻とした。蓋《けだ》し彼が晩年を謬《あやま》った第一歩である」。

一八七九年、「ゴドッフルア〔ゴドフロイ〕家倒産し、彼も九月同商会を去ることになった」。クバリイは、「ポナペに椰子栽培地を所有し、これによって浪々の活計に資したが、遂にこれを抵当に入れるに至」った。一八八三年、「パラウ〔パラオ〕に赴き、ライデン博物館の為めに採集に従事した」。しかし、ライデン博物館との関係が切れ、「落魄《らくはく》の窮極《きゅうきょく》に陥り、〔パラオの〕マルキョクに在っても、島民と同じ生活をなし、第五ルバク〔小首長〕に任ぜられて、ウサケル（犢鼻褌《〔ふんどし〕》）を帯びたゞけの裸体で、〔中略〕会議の席に列《つら》なった」。その後、ベルリンの「民族博物館から若干の手当を与えられ」、ヤップ島に赴いた。

　一八八五年、ミクロネシアの島々の領有をめぐって、スペインとドイツの間に緊張が高まった。クバリイはドイツの軍艦に通訳として乗り組み、パラオ諸島の「アイライ及びマルキョクに於ける占領布告に列し」た。その後、クバリイはニューギニア、ニューブリテン島のラバウルでヘルンスハイム商会の出張所に勤務することになったが、一八八七年にはニューギニア会社に転じ、コンスタンチンハーフェン出張所主任となった。一八九一年、ニューギニア会社との契約が切れ、翌年にはドイツに帰り、博物館に職を求めたが得られず、ニューギニア会社に復職した。しかし、一八九五年には、同社を解雇され、ポナペに戻った。

　ポナペで、クバリイは「ヘンリー、スピッツ商会の前払金によって辛く生活を維持し、妻の親戚に寄寓する窮状にあった。この頃に至り彼は殊《こと》に酒に親しみ、アナの言によると、往々狂暴の振舞があった。又他の説によるとアナの不品行は専ら世評に上って居た」。クバリイは「遂に自ら死を急ぎ、一八九六年一〇月九日、〔中略〕〔夭逝した〕愛児の墓あるポムプ〔ウンポン Mpomp〕の小川に骸《むくろ》を横えた」。

　クバリイの死後、「レペンマタウなるものの妻となった」。一九一〇年、当時ポナペを支配していたドイツに対する反乱がジョカージ地区で起こった。「レペンマタウ」はその首謀者の一人で、反乱終結後処刑された。アナも逮捕され、パラオに流されたが、日本の統治下、ポナペ島への帰島を許された（以上、『過去の我南洋』一三一～一三六頁）。

　一九二九（昭和四）年、ポナペ島を再訪した長谷部はポナペに帰っていたアナと会った。その際のことを長谷部は次のように書いている。

　昭和四年予《よ》の会ったとき、〔アナは〕年六十四歳、シャカオ〔カヴァ酒〕の臭に染みた穢〔わ?〕ろしき老《ろう》嫗《おう》だが、若き頃には容色秀麗、屡々《しばしば》兎角の風評を立てられたそうである。クバリイの終を完《まっと》うせざりしは主として彼の女との結婚に災《わざわい》されたように云うのも強《あなが》ち酷評ではないであろう（『過去の我南洋』一三六頁）。

　これは、長谷部がクバリイの生涯を総括したような文章であるが、私はこのようにクバリイの生涯を締めくくることに飽き足らないものを感じた。クバリイの不幸を、主として、その妻アナの責に帰したのでは、クバリイの生涯がむしろ矮小化されてしまうのではないか、クバリイの不幸は、こういう家庭的なことよりも、もっとずっと大きな世界史的激動、帝国主義という時代の激浪の中で捉えられるべきものなのではないか、というのが私の感じたことであった。

長谷部は、アナとの結婚をクバリイが「晩年を謬《あやま》った第一歩である」とするのだが、そこには、戦前日本の社会状況が反映されているように思われる。戦前の日本で一般的であった家族観、結婚観、夫婦観などが、クバリイとアナの関係についての長谷部の認識に、影を落としているように感じられるのである。アナは、長谷部が規範とした妻の規格に合わない女性だったということなのではないだろうか。

自分なりにクバリイを「知る」

前に書いたように、私は中島敦の「南洋群島」視察旅行中の「日記」を読んで、クバリイという人物と出会い、それまで全く知らなかったこの人物に興味を持った。それで、長谷部の本を読み、クバリイの生涯についてある程度知ることができた。しかし、長谷部のクバリイ像に飽き足らないものを感じたので、他の多くの文献にもあたって、私なりのクバリイ像を描いてみようと思った。自分なりにクバリイを「知りたい」と思ったのである。

しかし、本章に与えられた紙数では、クバリイの全生涯をたどり直すことはとうてい不可能なので、ここでは次の二点に絞って、簡単に見ていきたいと思う（クバリイについて詳しくは、拙著『中島敦の朝鮮と南洋』参照）。第一に、ポーランド一月蜂起への参加とその敗北過程における精神的な崩れ、第二に、ドイツの帝国主義的南洋進出、南洋植民地経営への荷担と、そこからくる心身の疲弊、この二点である。

一八六三年一月、いわゆるポーランド一月蜂起が起こった。一八世紀末、ポーランドはロシア、プロイセン、オーストリア三国によって分割され、一八一五年には、ウィーン会議の結果、ロシア領ポーランドにロシア皇帝を王とするポーランド王国が誕生した。そのポーランド王国で、ロシアに対する反乱が起こったのである。

ポーランド一月蜂起は、小集団によるゲリラ戦を主としていた。しかし、武装はきわめて貧弱で、クバリイの加わった四〇人ほどの集団の場合、火器はライフル銃二丁と二連銃一丁だけで、あとは大鎌と棍棒という有様であった。失望したクバリイは、三月、密かにベルリンに逃れ、母の兄弟のもとに身を寄せた。しかし、四月にはポーランドに戻り、オーストリア領だったクラクフの地下政府で徴税などの職務に就いた。翌、一八六四年四月、蜂起が弾圧されていく中で、クバリイは再びポーランドを脱出して、ベルリンに向かった。しかし、ドレスデンで精神的に崩れ、自らロシア領事館に出頭して、ロシアへの忠誠を誓った。六月、クバリイはワルシャワに戻ったが、ロシア官憲によって逮捕された。しかし、クラクフにおける反乱組織の全容について供述したことによって、釈放された。

その後、クバリイは医科大学で学んでいたが、ある時、ワルシャワのロシア人警察署長に呼び出され、パリにいる友人に、著名なポーランド人亡命者たちを罠にかけるよう働きかけることを求められた。この件でポーランド人亡命者たちに警告を発したことから、彼は再び逮捕され、シベリア送りになるところであったが、母の知り合いのドイツ人などの尽力で釈放された。ワルシャワにいてもどうにもならないと思ったクバリイは、一八六八年三月、ワルシャワを脱出して、ベルリンに逃れた。しかし、今度は母の兄弟に援助を拒否され、化粧漆喰職人の徒弟となった（Paszkowski 1971：43-44）。まだ一六、七歳の少年がポーランドの独立を夢見て、蜂起に加わったが、厳しい弾圧の前に精神的に崩れ、ついにはあやうく権力の手先にされそうになったという体験は、クバリイの心の中に長くトラウマとなって残ったであろう。

一八八五年、スペイン領ミクロネシアへの進出を企てたドイツは軍艦をパラオ諸島に向かわせた。この軍艦には、クバリイが通訳として乗っていた。生活に困窮していたクバリイには、他に生きるすべがなかったのである。パラオ本島（バベルダオブ島）に上陸したドイツ部隊は、首長たちにスペインの国旗を降ろして、ドイツ国旗を掲揚するよう迫った。首長たちがためらっているのを見て、クバリイは自らドイツ国旗を掲揚し、今後はドイツ国旗だけを掲げるよう、首長たちに忠告した。クバリイは、パラオの人々との親交を利用して、ドイツの帝国主義的南洋進出のために一肌脱いだのである（Hezel 1995：3）。しかし、同年一二月、ローマ法王の仲裁で、パラオ諸島などはスペインの領土ということになった。その時、パラオの人々はクバリイの行動をどう思ったであろうか。

一八八七年、クバリイはドイツの国策植民地会社ともいうべきニューギニア会社に入り、ニューギニア東部アストロラーベ湾岸、コンスタンチンハーフェンの商業施設とプランテーションの責任者となった。プランテーション経営のためには、プランテーション用地と労働力の調達が必要であった。クバリイはアストロラーベ湾岸の村々を訪ね、いくらかの物品を村人たちに渡しては、その地の買得を宣言するという方法で、就任後二年ほどの間に、アストロラーベ湾岸のほとんどの土地を取得してしまった。他方、プランテーション労働力の確保には、困難があった。イギリスやドイツの「労働者徴募船」によって、大量の現地民がオーストラリアやサモアなどに送られていたからである（Finsch 1888：26, 198 et al.）。クバリイはニューブリテン島など近隣の島々から労働者を掻き集めてきた。クバリイの娘イザベラによれば、クバリイが管理していたプランテーションでは、数百人の現地民労働者が働いていたが、クバリイは彼らに対して厳しい態度で臨んでいたという（Paszkowski 1971：58）。こうしたプランテーションでは、過重な労働のために現地民労働者が死ぬことも少なくなかった。とくに、ドイツの会社のプランテーションで、死者が多かったとされている（Stocking 1992：237-238）。

その頃、クバリイは自らを「アストロラーベ湾の帝王」と称していたということだが、このような生活はクバリイにとって本意ではなかったであろう。彼はしだいに「酒にすがり、悩みを抱えた無頼者のような生活」を送るようになっていった。クバリイは一八九二年までには、健康を害してしまい、医者から、ヨーロッパに帰るか、そうでなければニューギニアで自分の墓を見つけるよう忠告された（Stocking 1992：238-239）。

一八九二年、クバリイは妻子を伴ってヨーロッパに行き、博物館などに職を求めたが、得ることができなかった。ヨーロッパの大学や博物館で民族学的研究に従事する「学者」と、南洋のような「未開地」で標本を採集する「コレクター」（採集者）との間には、いわば身分的な壁があったのである。

ヨーロッパでの永住をあきらめたクバリイは、やむなくニューギニアに戻って、ニューギニア会社に復職した。しかし、一八九五年末には契約が切れて、会社を辞めざるをえなかった。

クバリイは語学的才能に恵まれ、多くの現地語をすぐに習得することができた。それを武器として、現地民社会に深く溶け込んだクバリイは多くの優れた民族学的業績を残した。しかし、学歴がなかったために、ヨーロッパの学界に地位を得ることはできなかった。ポーランド一月蜂起に加わったことのツケが一生付きまとったのである。生計に窮したクバリイは、その豊かな南洋体験や優れた語学力を、ドイツの帝国主義的南洋進出や南洋植民地経営に利用され、その中で心身を疲弊させていくことになった。その末に、利用価値が無くなったとみなされると、容赦なく切り捨てられ、ついに、自死するほかなかったのである。ただ、クバリイはその死の直前まで、ポナペ島で生物標本の採集に歩き回り、たまたま訪ねてきたヨーロッパ人研究者と深夜まで語り明かしたりしていた（Christian 1899 : 227）。

クバリイの一生は、一八世紀末のロシア、プロイセン、オーストリア三国によるポーランド分割が引き起こした政治的変動、そして一九世紀後半におけるドイツの帝国主義的南洋進出という歴史の激動に翻弄されながら、はからずも南洋で出会った民族学的研究に生涯をかけた一生だったということができる。

4　歴史の中の「他者」を通して、自己を「知る」

私たちは歴史の中で、さまざまな「他者」と出会う。

その中には、「南洋の土人」のような、デフォルメされた「他者」も数多く存在する。しかし、私たちにとって、デフォルメされた「他者」の存在は無意味なのではない。そのようなデフォルメされた「他者」を生み出す権力的支配構造、さらにはそれを下支えする民衆的精神構造を追究することによって、デフォルメされた「他者」が果たす政治的・社会的機能を知ることができるであろうし、「他者」をデフォルメすることによって生み出される差別の問題に接近することもできるであろう。

さらには、そのような「他者」をデフォルメする精神構造が、実は、自分自身の中にも存在するのではないかと改めて問い直すことによって、自らの存在を対象化することもできるであろう。デフォルメされた「他者」を透視する視線は、自分自身にも届くはずだからである。

歴史の中で「他者」と出会う、その出会い方には、いわば重層的な出会い方もある。長谷部言人がクバリイと出会い、長谷部を通して中島敦がクバリイと出会い、中島を媒介項として私がクバリイと出会って、その生涯に強く惹かれた、というように。そして、それぞれの出会い方、あるいは出会った時代の違いによって、それぞれに異なるクバリイ像が描かれることになる。ただ、中島の場合は、「クバリイの伝記」が実際には書かれなかったために、彼がどのようなクバリイ像を描こうとしていたのか、残念ながら、わからない。

クバリイのような「他者」との出会いは、もし自分がクバリイと同じような困難な状況に置かれていたならば、自分は一体どう生きていたであろうか、という自省へと導く。私たちは与えられた歴史的諸条件のもとで生きるほかないのだが、それでも、与えられた歴史的諸条件にどう立ち向かうかは人によってさまざまに異なりうる。クバリイの歴史への立ち向かい方を追跡することは、自分自身の歴史への立ち向かい方を考え直す契機となるであろう。

本章で取り上げたのは以上の二つのことであるが、歴史の中における「他者」との出会いからは、それ以外にも多くのことを知ったり、学んだりすることができる。何を知り、何を学びとるかは、歴史に立ち向かう者の側にかかっているのである。

参考文献

青木澄夫『放浪の作家　安藤盛と「からゆきさん」』風媒社、二〇〇九年。

安藤盛『南洋と裸人群』岡倉書房、一九三二年。

安藤盛『南洋記』昭森社、一九三六年（再版、興亜書院、一九三九年）。

井上彦三郎・鈴木経勲合著『南島巡航記』経済雑誌社、一八九三年。

長田弘・鶴見俊輔・高畠通敏『日本人の世界地図』潮出版社、一九七八年。

古田中正彦『椰子の影』東方出版株式会社、一九二六年。

小谷汪之「民族・アジア・マルクス」、永原慶二・中村政則編『歴史家が語る　戦後史と私』吉川弘文館、一九九六年、所収。

小谷汪之『中島敦の朝鮮と南洋——二つの植民地体験』岩波書店、二〇一九年。

高見順「徴用生活」、『高見順日記　第一巻』勁草書房、一九六五年、所収。

高見順『敗戦日記』中公文庫、二〇〇五年。

中島敦「日記」、『中島敦全集2』ちくま文庫、一九九三年、所収。

長谷部言人『過去の我南洋』岡書院、一九三二年。
松岡静雄『ミクロネシア民族誌』岡書院、一九二七年。
山田風太郎『戦中派焼け跡日記』小学館文庫、二〇一一年。
渡辺一夫『敗戦日記』博文館新社、一九九五年。
Christian, Frederick W., *The Caroline Islands, Travel in the Sea of the Little Lands*, London: Methuen & Co., 1899 (facsimile reprint, FB&c Ltd.).
Finsch, Otto, *Samoafahrten, Reisen in Kaiser Wilhelms-Land und Englisch-Neu-Guinea in den Jahren 1884 u. 1885 an Bord des Deutschen Dampfers „Samoa“*, Leipzig: Ferdinand Hirt & Sohn, 1888 (facsimile reprint, Fachbuchverlag-Dresden).
Hezel, Francis X., *Strangers in Their Own Land: A Century of Colonial Rule in the Caroline and Marshall Islands*, Honolulu: University of Hawai'i Press, 1995.
Paszkowski, Lech, 'John Stanislaw Kubary: Naturalist and Ethnographer of the Pacific Islands', *Australian Zoologist*, Vol. 16, No. 2 (1971), pp. 43–70.
Stocking, George W., *The Ethnographer's Magic and Other Essays in the History of Anthropology*, Wisconsin: The University of Wisconsin Press, 1992.

第3章　史料から歴史へ

秋山晋吾

歴史の中での「他者」との出会いは、その「他者」と自分の距離、自分にとってその「他者」が有する意味についての多くの問いへと私たちをいざなっていく。ただ、歴史の中の「他者」との付き合い方は、私たちが小説や映画の中で出会う異世界との関係とは同じではない。両者の大きな違いは、歴史がまずもって史料と向き合うことから始まるということにある。「他者」の存在に驚き、畏怖し、あるいは、魅了され、敬意を払い、ともすれば、蔑み、無視する。そんな「他者」を歴史の中にどのように探しにいくのか。この章では、歴史の中の「他者」に、顔と名前とを与え、血を通わせ、語らせていくための材料である、史料の世界に足を踏み入れてみたい。一八世紀ヨーロッパの片隅で起こったある魔女裁判の記録を入り口に、いくつかの史料をたどりながら、ある無名の人物とその人が生きた小さな世界をどこまで浮かび上がらせることができるか、それは大きな歴史とどのようにつながっているのか、そして、史料からは知ることができないことは何か、を考えていきたい。

1　史料を読み解く

裁判記録――名もなき人の痕跡

まずは、裁判記録から始めよう。一七五九年一〇月、ハンガリー西部の都市ジェールで行われた、近郊の村ヴァサルに住む老婆ネーメト・カタに対する被告人尋問である。

取調官が尋ねる。「名前は何という？　何歳だ？　どこの出身で、宗派は何か？」

老婆は答える。「ネーメト・カタと申します。故モルナール・イシュトヴァーンの寡婦で、だいたいのところ七〇歳でございます。チクヴァーンドという村の生まれで、前夫と死別した後、この村に嫁いできました。ローマ・カトリックです。」

取調官「お前はなぜ捕らえられたのだ？」

老婆「私は産婆ですのでヴァサルの村中あちこちに出向くのですが、そこで、魔女だという疑いをかけられて捕まりました。しかし私は無実です。」

尋問はそのあと、カタの家族構成や、彼女が魔法を用いて村人たちに対して行ったとされる行状の数々に関して、三〇回余りのやり取りが続いていく。この記録を歴史の復元のための材料とするなら、ここから何が読み取れるであろうか。

まずは、カタが魔法をかけたとする事件それ自体を知るために、この史料を使うことができる。この聴取記録を読んでいくとわかるのは、彼女が、二〇年前に長く寝たきりだった自身の夫を、次に、小麦粉の量をめぐってもめた粉挽小屋の番人の子どもたちを、そして、自身の娘を嫁にやろうとして断られた村人を、さらには、自身の息子が借金をしていた農民が飼っていた牝牛をも、魔法をかけて殺したとして疑われていることである。加えて、二〇人余りの村人たちにも魔法をかけて病気にしたという。

彼女の行為が「効果」を伴ったか否か（本当に魔法をかけたか、魔法によって本当に誰かが死んだか）は立証することができないし、ここではそれほど重要ではない。出来事としてのこの裁判からは、多くの村人が老婆カタを魔女として告発したこと、当局がそれに応えて被告としてカタを法廷に召し出したこと、カタが容疑を否認し、拷問を受けたこと、そして、取り調べの翌月に無罪放免となったということが明らかになるだけである。

この裁判の書類はウィーンの宮廷まで届けられ、時の国王もそれに目を通したのであるが、実のところ、この事件自体は、国王のもとに数限りなく届けられる類似の訴訟の一つでしかなかった。つまり、決して「歴史を動かした」事件ではなかったし、ネーメト・カタという人物自体も、後でも見るように、この裁判記録以外の史料にほとんど登場しない。すなわち、名もなき人が裁かれた、名もなき裁判に過ぎないのである。ただ、これを逆にして考えることもできる。裁判という権力の発動があったがゆえに、名もなき人の痕跡が史料として残された。ここで作用した力は、村人たちの告発という社会的なものでもあったし、取調官・裁判官という公的なものでもあったが、いずれにせよ、何らかの権力の産物として史料が生まれ、二百数十年後の私たちがこれを読むことができるのである。そうすると、この史料は、事件そのもの以外のことを知るために、すなわち、この事件がなければ記されなかった、事件の周りにあった事柄に光を当てるためにも使えそうである。

たとえば、カタをはじめとする村人たちの生活の断片を浮かび上がらせることができるだろう。生業については裁判記録に多くの言及はないが、カタの亡夫は粉挽職人だったし、魔法の「被害者」として粉挽小屋の番人が登場することから、村人たちが小麦の栽培に携わっていたことがわかる。トウモロコシ畑の番人についての言及もあるので、この新大陸原産の作物が農地の一定程度の部分を占めていたこともわかる。また、魔法によって死んだり病気になったりした村人たちに並んで、盛んに飼牛について証言がされていることからは、牛が農耕や運搬のための役畜として、さらには乳牛としてきわめて重要だったこと、また、村には、牛飼いもいれば楽師もいたし、村はずれには蜂の巣箱があって、そこから蜂蜜と蜜蠟が供給されたこともわかる。

また、産婆としてのカタ自身の活動の一端も窺い知ることができる。彼女は、裁判ではそれが魔法であったということは完全に否認するが、自身が村の中で何らかの治療行為に関わっていたことを示唆することもあった。たとえば、病で倒れた農夫の腹にバターを塗りつけたり、肺病を患った村娘の胸のボタンにまじないをかけたり（これらが治療行為だとはカタは認めないが）、「女王蜂草」という名の薬草を長櫃の中に保管したりもしていた（自分用だったと言うが）。その薬草の隣には、教会で聖別してもらった乳香と蜜蠟もおかれていたことからは、民衆の信仰心と妖術あるいは民間医術の密接な関わりも感じ取ることができる。

証言記録からは、この史料を生み出した権力の枠組みも浮かび上がる。わかりやすいのは、記録の末尾に記された取調官と書記役それぞれ二名の名と肩書である。取調官は「ジェール司教座所領管理官」、書記は「ジェール県裁判所役人」と書かれている。つまり、領主であるカトリック教会の司教座と、王国の行政・司法枠組みとしての県が公権力の担い手として外から村にやってきた。逮捕されたカタは、住んでいる村からその公権力の居場所である都市に移送され、そこの牢獄で囚われの身となったのである。

権力の担い手は、村から離れた都市だけでなく村の中にもいて、日常的にその影響力を行使した。領主の代官（おそらく貴族）は、カタに命じて、彼女がある農婦にかけたとされる呪いを解くよう命令しているし、村長（こちらは農民）もカタの息子の借金を直ちに返済するよう指示している。いわば断片に過ぎないこの裁判記録からでも、多層的な権力のあり方を透かし見ることができるのである。

しかし、この記録から村人の生活や権力のことをいくら窺い知ることができたとしても、それが一断片であることには変わりはない。というのも、この史料からは、たとえばこの村に何人の村人が暮らしていたかといった基本的なことすらわからないからである。この史料の可能性をもう少し広げるためには別の史料にも目を通す必要がありそうである。では次に進んでみることにしよう。

納税帳簿――村人の間で

二つ目の史料からは、いわば村の全体像のようなものに少し近づくことができるだろう。それが、カタが生きた村ヴァサルの納税帳簿である。一七六八年、すなわちカタの裁判から九年後に作成されたものが現存している。ここには、村人の名前、各人に対して領主から与えられた農地（分与地）の規模、課せられた労働義務（賦役）の日数と税額、その他の貢租（紡糸、バター、鶏、鶏卵、「請負料」）が記されている（図３－１）。この史料を少し読みこんでいこう。

まず手始めとして、帳簿の中で、カタの裁判記録に登場する村人の名前を探してみたい。文字綴りの揺れや略記を解明しながらリストアップしてみるとわかるのは、多くの名前が見当たらないことである。裁判記録に登場する人物（カタ自身を入れて全部で四〇人）のうち、納税帳簿にはその三分の一にも満たない一二人の名前しか記されていない。残りの二八人はなぜここにいないのだろうか。いくつかの可能性を考えてみよう。

一つは、裁判記録と帳簿の間の九年間の時間差である。帳簿に記載されていない者は、この間に死亡したり村外に移住したりしたのかもしれない。これは大いに考えられる。ただ、一〇年弱の間に三分の二の人たちが村から消えてしまうという事態は、大規模な疫病や天災でもない限りなかなか想像できない。

では二つ目の可能性を考えるために、裁判記録に登場する村人の一覧をじっくり眺めてみよう。そこで気づくのは、その中の女性六人がいずれも納税帳簿には登場しないということである。被告カタ自身は、裁判時に齢七〇だったというので九年後には生きていなかったのかもしれないが、被害者やその妻や母として裁判に登場する女たちも押しなべて帳簿に記されていない。

その理由は、納税帳簿に記載された村人の名を今一度よく見てみるとわかってくる。ここに列挙されているのは、一名を除いて全て男性名なのである。つまり、納税帳簿は家長を単位として記録され、女性と未成年の男児はここには現れない。唯一の女性イハース・パール夫人は、夫が死去し、寡婦として家長となったことで帳簿に名を記された。裁判に登場する女性たちは、家長ではないために帳簿には記されなかったのである。村の生活圏に登場する者であれば名前に言及され得た裁判記録と、家長でなければ名を記載されない納税帳簿という、それぞれの史料の性格の違いが、登場人物にずれを生じさせた。家の仕組みとジェンダーの枠組みが史料から読み取れる情報に強い制限をかけていた。二つの記録を照らし

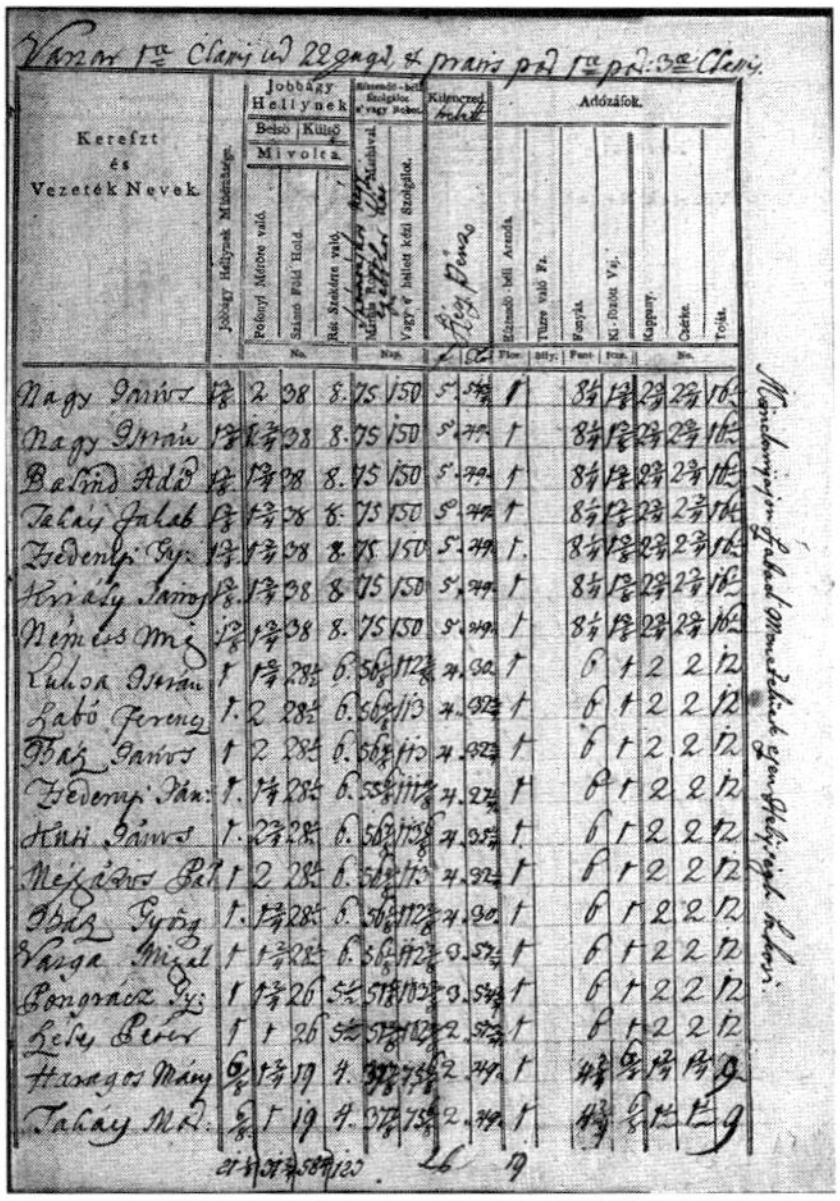

図3－1　1768年のヴァサル村納税帳簿

（1768年納税帳簿――ハンガリー国立文書館ハンガリー総督府文書 MNL.OL. Helytartótanácsi levéltár, C59. Departmentum urbariale (https://archives.hungaricana.hu/en/urberi/veszprem-vaszar/?list=eyJxdWVyeSI6ICJ2YXN6YXIifQ 2018年12月31日最終アクセス）

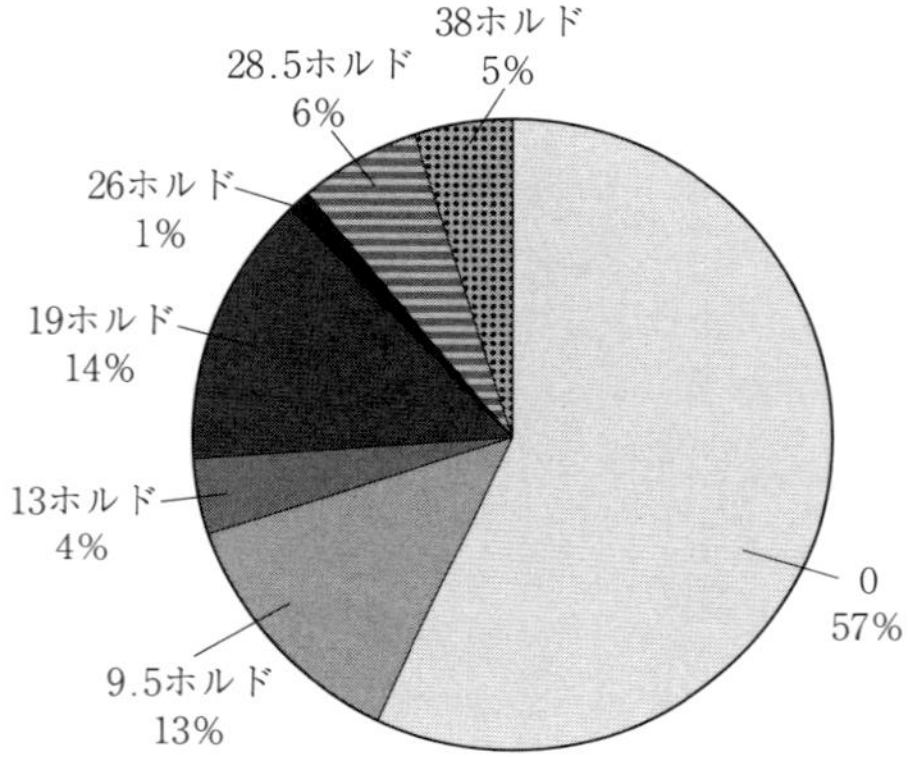

図3-2　ヴァサル村の家長別保有耕地面積比率（1ホルド＝5,754m^2）

（前掲，1768年納税帳簿をもとに筆者作成）

合わせると三つ目の理由にも気づくことができる。裁判記録には、プライツ・ミハーイとプライツ・イシュトヴァーンという、村に住む二人の貴族の名が登場していた。しかし、納税帳簿には両名の名は出てこない。それだけでなく、ほかにプライツ家の者の名は一人も記されていない。それは、納税帳簿には、領主に従属して納税の義務を負う農民（の家長）だけが記されたからである。すなわち、村に住みながらも領主からは独立していた貴族たちはそこには現れない。領主制という支配制度と農民・貴族という身分制度も、史料の性格とそこに記される内容を強く規定しているのである。

このような史料的特徴を踏まえたうえで、納税帳簿を用いて、ヴァサル村の農民の家長の全体構造を確認してみよう。

記載された家長の数は全部で一三九人、農地の大きさや納める税額や鶏の数が記されているので、ここからいろいろなグラフを作ってみることができる。試しに、家長ごとの保有耕地面積比を円グラフで描いてみると図3-2のようになる。ここからは、村の家長の六割近くが耕地を持たないこと、逆に最大の三八ホルド（約二一・九ヘクタール）を有する者が五パーセントを占めることがわかる。全家長の一割強に過ぎない二六ホルド以上を有する家長一七人のもとに、全耕地の約半分が集中している。このような村民の間での階層分化は、この時期のハンガリーでは平均的なものだったが、この村内格差は、農地なし農民が牛追いに従事したり、日雇い農として土地もち農民のもとで働いたりといった村内の分業を生じさせたのである。

村に存在するおおよその貧富の差がわかったところで、裁判記録に出てくるカタの魔法の被害者たちを改めて確認してみると、ほぼ全員が土地もち農民、それも比較的富裕な層に集中していることもわかってくる（二六ホルド以上の耕地を持つ農民一七人中六人が「被害」にあっている）。カタが豊かな農民を狙って呪いをかけたのか、有力農民たちが何らかの理由でカタを陥れようとして彼女を告発したのか、いろいろな推測がここからできそうなところであるが、確かなところは残念ながらわからない。

さて、この納税帳簿からは、裁判記録ではかすかにしか触れられなかった村役人（村長をはじめとする農民の世話役たち）の構成もわかる。家長ごとのデータが列挙された末尾に、村長タカーチュ・マールトンを筆頭に、サボー・フェレンツ、ヘーリチュ・ヤーノシュ、セーレシュ・ミハーイら計六名の世話役たちの名が列挙されているのである（図3－3）。家長一覧と照合すれば、彼らがいずれも土地もち農民であること、つまり、彼らが政治力だけでなく財力も持ち合わせていたことがわかってくる。それ以上にこれが興味深いのは、六人の名前の筆跡とその右隣に書かれたXである。筆跡はいずれも同じ。つまり彼ら自身が書いたのではない。その理由はその上に書記によって書かれた一文を見れば

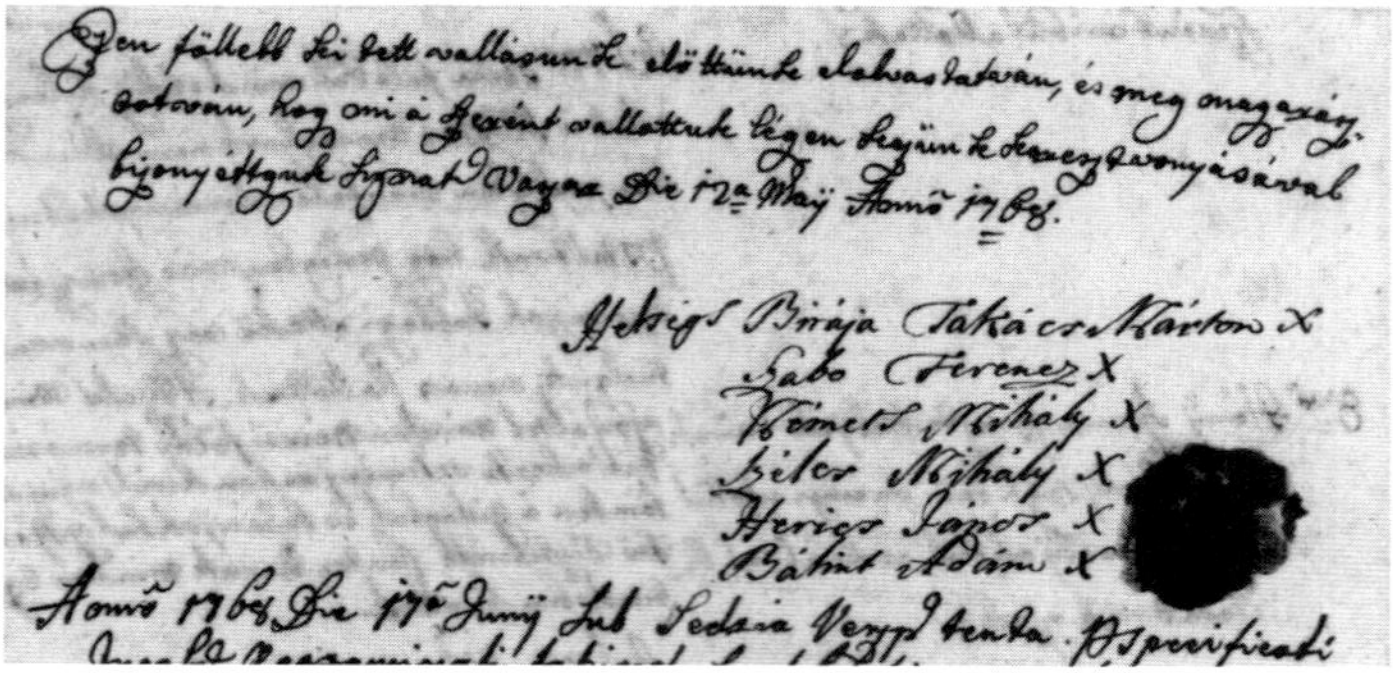

図3－3　納税帳簿に記された村役人たち

（1768年納税帳簿）

わかる。

　私どもが証言した内容は、私どもの前で読み上げられ、それらが私どもの証言したことと相違ありませんでしたので、私どもは十字の印をもってそのことを証します。

　　　　ヴァサル、一七六八年五月一二日

つまりこういうことである。村の世話役たちは自分の名前すら書くことができなかった。そのため、代わりにXを名前の横に書き記したのである。そのうえ、帳簿の内容も書記（県から派遣された貴族）に読み上げてもらっているので、彼らは読むことすらできなかったこともわかる。一八世紀のハンガリーの村人にとって、文字文化は権力とともに村の外からやってきて、そして去っていくものだったのである。

教区簿冊——人生と家族の復元

　魔女カタが生きた世界を知るために、もう一系統の史料を見てみよう。教区簿冊と呼ばれる史料である。これは、キリスト教会（カトリックやプロテスタント諸派）が、信徒に施した洗礼、婚姻、終油の秘跡を記録したものである。キリスト教徒として生まれ、結ばれ、死んでいく人々の人生がここに記されている。ここでもカタの痕跡を見つけられそうである。

まずは裁判記録に立ち返って確認しておこう。カタは一七五九年の裁判の時に、自分は「おおよそ七〇歳で、チクヴァーンドという村で生まれた」と答えている。それを信じるなら、彼女は一六八〇―九〇年代の生まれということになる。そこで、ハンガリーの首都にあるブダペシュトの国立中央文書館で、チクヴァーンド村の教区簿冊を探してみる。文書館では、自分の家系図作りのためにこの史料を閲覧しにやって来る多くの一般市民の利用に供するため、スキャンされて館内のパソコン画面で見ることができる。

ここでまた、史料の限界に突き当たることになる。チクヴァーンドの教区簿冊は一九世紀後半からしか残されていないことがわかったのだ。史料は現存しなければ見ることはできないため、カタの生まれを証明することは諦めざるをえない。では、カタは再婚してこのヴァサル村にやってきたのだから、この村の簿冊を見れば、彼女の婚姻や死亡の記録があるかもしれない。ヴァサルの簿冊は、洗礼と婚姻が一七〇二年から、埋葬の記録が一七六七年から残されているので見込みはある。

彼女が生きたはずの一七七〇年代までの手書きの記録三〇〇枚余り、目を皿にして探してみる。しかし、見つからない。丸一日を費やして目薬片手に探索した結果としてわかったのは、彼女が再婚したのも、死去したのも、おそらくこの村ではなかったということである。周辺の村の簿冊でも探して

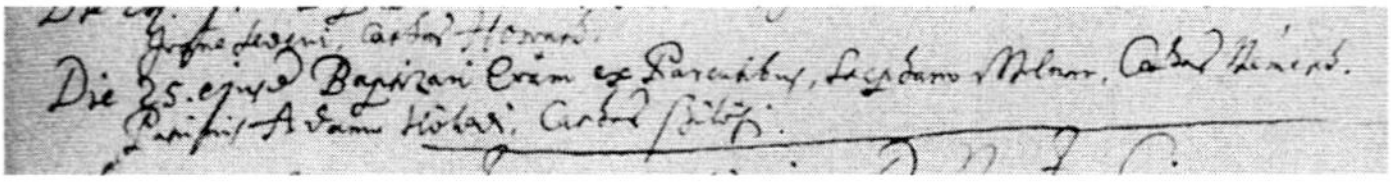

図3-4　ネーメト・カタの娘エーヴァの洗礼記録

(ローマ・カトリック教会ヴァサル村教区簿冊――ハンガリー国立文書館教区簿冊マイクロフィルムコレクション MNL.OL.A3724.tekercs.)

みれば、もしかしたら見つかるかもしれない。しかし、何の手掛かりもなく探すのは大仕事だし、もしほかの村の記録に「ネーメト・カタ」が見つかったとしても、この人物がわれわれのカタなのかは実はわからない。

彼女の人生の痕跡はここには残っていないのだろうか。諦めかけたときに彼女の名前らしきものが目に入った。次のような記述である(図3-4)。

(一七三一年)一二月二五日　洗礼エーヴァ、両親ステファヌス・モルナール、カタリナ・ネーメト

ステファヌスとカタリナは、それぞれイシュトヴァーンとカタ(正確にはカタリン)のラテン語表記なので、裁判記録のカタの証言(「モルナール・イシュトヴァーンと再婚しました」)と合致する。つまり、この記述は、カタ夫妻に娘エーヴァが生まれた時の洗礼記録なのである。一七三五年にも息子イシュトヴァーンの洗礼について記されており、一七三〇年代にはカタが確実にこの村に生きていたことがわかった。魔女裁判での証言に続く、ようやく見つかったカタの痕跡である。「名もなき人」の姿を歴史の中でたどるのは、かように困難な作業なのである。

さて、せっかく教区簿冊を紐解いてみたので、もうすこしこれを眺めてみよう。

たとえば、一七六三年の婚姻記録のページには、貴族プライツ・ヨージェフがシーヤールトー・エルジェーベトと結婚した旨が記されている。このプライツ家は、裁判記録には出てくるが納税帳簿に記されない、村在住の貴族だが、教区簿冊には、しがない農民たちと並んで登場する。神の前では身分の違いは限りなく薄まるのである（「貴族」と注記されているので、違いがなくなるわけではなかったが）。これも、史料の性格によって書かれること、書かれないことが変わる一例である。

もう一つ例を挙げよう。一七三五年五月のページに、「カトリックのチズマディア・アンドラーシュとルター派のエレク・イロナ」が結婚したと記されている。異なる宗派間の婚姻の記録である。後でも見るように、この村にはカトリックの教会しかなく、残されている教区簿冊もカトリックのものしかない。そこから、当時ほぼすべての住民がカトリックだったと推測できる。イロナは別のルター派の村からヴァサル村のアンドラーシュのもとに嫁いできたのだろう。人々の生活レベルでは、キリスト教の新旧両派の間でこうした交流がしっかりと存在していたのである。

このように教区簿冊は、「名もなき人」の個別の人生へと想像力をいざなうことができる。しかしこの史料は、逆に、人々を匿名にする、つまり、登場する人たちを数字のひとつにする分析にも使用することができるのである。試しに、最も古くから記載がある洗礼の記録を使って、洗礼数の年ごとの変化をグラフにしてみよう（図3-5）。

棒グラフで表した洗礼数の変化と、点線で補った傾向線からは、この村が一八世紀の間に数回のベビーブームを経験しながら、出生数が徐々に上がっていったことがよくわかる。これに死亡数を重ね

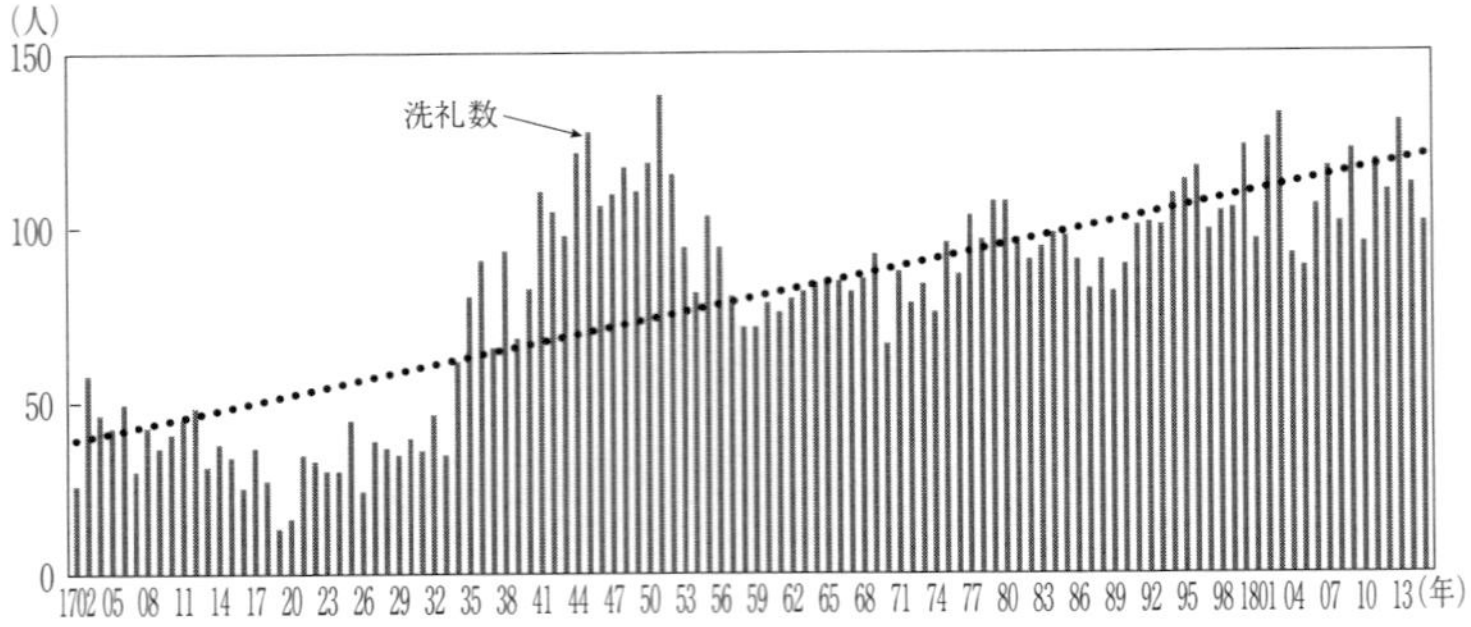

図3－5　洗礼数（ヴァサル教区，1702-1815年）

（前掲，教区簿冊をもとに筆者作成）

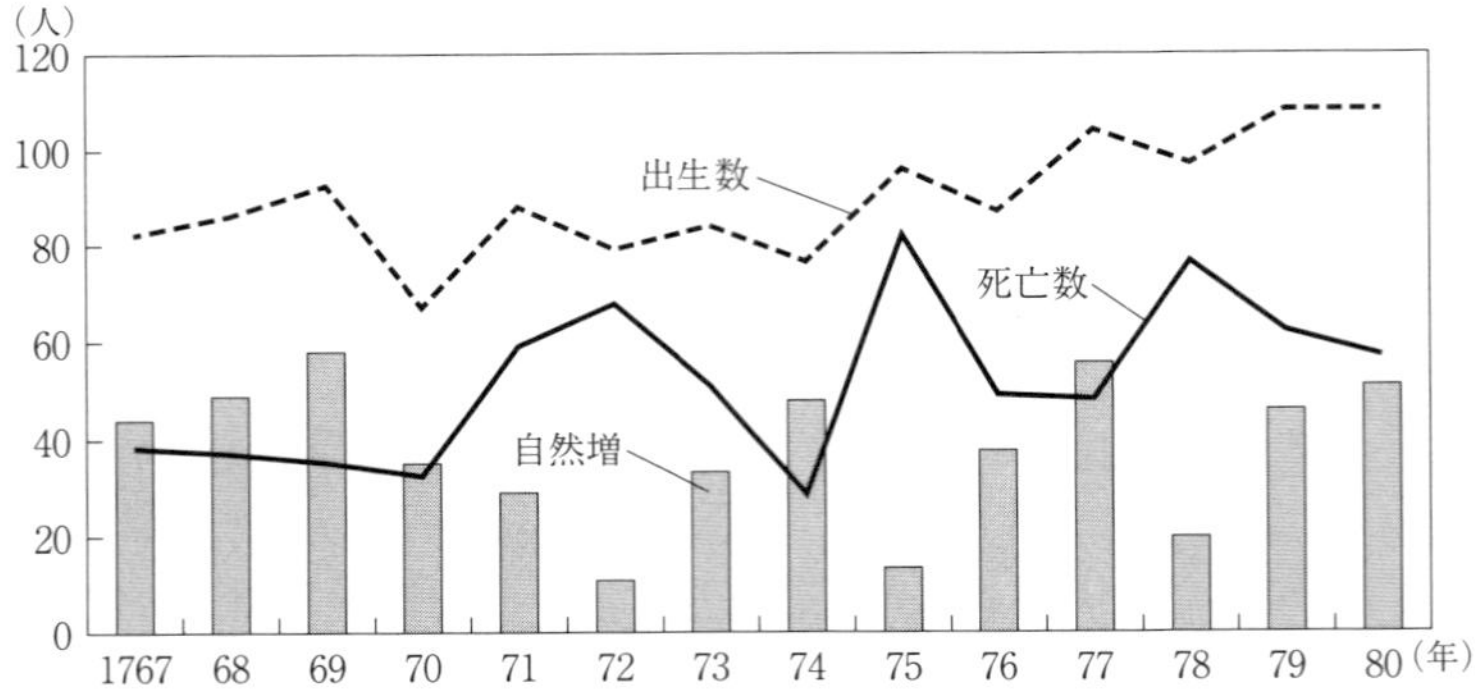

図3－6　出生数・死亡数・自然増（ヴァサル教区，1767-80年）

（前掲，教区簿冊をもとに筆者作成）

てみれば、この村の人口の自然増加数もわかるはずだ。埋葬のデータは断片的なので、最初の一四年分だけでグラフを作ってみると、この間一貫して出生数が死亡数を上回り、人口が増えている様子が見えてくる（図3－6）。もちろん、ときに疫病が流行して死亡数が跳ね上がることもある（一九世紀にはコレラの流行で二〇〇人近くが死んだ年もある）。

こうした作業を積み重ねることで、教区簿冊は、歴史人口学の基礎的なデータを提供する。数百年単位の人口変動、平均寿命や家族構成の変化、そこから読み取れる疫病や飢饉の痕跡といったマクロな研究は、一つひとつの村や教区、一人ひとりの名もなき人々の人生を数え上げていくことでようやく成り立つのである。

2　ミクロな世界からマクロな文脈へ

一八世紀中頃に生きた女性カタを探してここまで史料を調べてきた。名もなき村の、名もなき女性が裁かれた、名もなき事件を追って、史料から解明することのできることとできないことを一つひとつ確認してきた。その作業を通じて、残された史料からは、きわめてミクロな世界を覗き見ることができる一方、過去に生きていた人と起こった出来事をすべて復元できるわけではないということもわかった。しかし、このようなミクロな世界と史料の限界がわかることだけが史料の可能性のすべてではない。よりマクロな文脈にこれを位置づけてみることで、カタの世界がまた別の意味を持ってくるのである。

ミクロとマクロをつなげる糸口には無数の可能性があるので、いくつかのトピックを手掛かりに、カタとヴァサル村からより大きな文脈へとズームアウトしてみたい。

まずはカタの家族に着目してみよう。彼女は自分の家族構成を証言する中で、「息子のうち二人は国王陛下のもとで軍務についております」と言っている。貧しい村の産婆の子として、おそらく一兵卒としての生涯を送ったであろうカタの息子たちが奉仕した「国王」とは、いったい誰だろうか？　それを知るためには、たとえば高等学校用の世界史図録などにも載っている「一八世紀中頃のヨーロッパ」といった地図を見るだけで十分である。そこで、ハンガリーの領域は「ハプスブルク家の支配領域」の色で塗られていることが確認できるので、あとはヨーロッパ史の概説書で当時のハプスブルク家の当主を調べてみればよい。マリア＝テレジアが国王その人だということがわかるはずだ。そして、マリア＝テレジアがオーストリア継承戦争（一七四〇～四八年）と七年戦争（一七五六～六三年）という戦争を戦ったことも。カタの息子二人は、二つの戦争の際に、おそらくどこかの戦場にいただろう。ヨーロッパの勢力図を塗り替えたこの出来事と、カタの家族は確実にここでつながっていたのである。

ヴァサル村の成り立ちに着目すると、一八世紀からもうすこしさかのぼったヨーロッパ史の文脈にも接続することができる。この村が位置する地方は、一六世紀中頃から一七世紀末までの間、ヨーロッパに版図を広げていたオスマン帝国とハプスブルク家支配領域のちょうどはざまに当たった。そのため、中世から存在するこの村は、この時期にいったんほぼ無人化し、その後、ハプスブルク勢力がハンガリー全域を支配下においた一八世紀初頭に、再入植によって再建された。先に見たこの村の教区簿冊が一七〇二年から始まるのはそのためである。近隣の村で生まれたカタのその両親がどこから来たのかはわからない。しかし、ここでもカタたちは、諸帝国の盛衰の影響を確実に受けていた。

カタをはじめとするヴァサルの村人のほとんどがカトリック信徒だったことも、同じ流れから説明できる。一六世紀に始まった宗教改革の中で、ハンガリーでは広範にプロテスタント諸派の勢力が広がった。一方、国王たるハプスブルク家はカトリックの守護者として、一七世紀まで続く宗教戦争の主要なアクターであった。オスマン勢力をハンガリーから後退させたハプスブルクは、いわば「遅れてきた対抗宗教改革」として、カトリック教会を保護し、この地にカトリック信徒を積極的に入植させた。ヴァサル村もそうした村の一つだったのである。教区簿冊にあった、ルター派の女性イロナがカトリックのアンドラーシュに嫁いだという記録は、先に触れたように新旧両派の交流の証拠であると同時に、実は、プロテスタントに対するカトリックの優位を示すものだった。ルター派の妻イロナのことがカトリックの簿冊に記載されるのであって、カトリックの夫アンドラーシュがルター派の簿冊に書き込まれることはなかった。どの簿冊に記録されるかということそのものが、宗派間の力関係を、国家権力と宗教との関係を如実に示しているのである。

諸戦争と宗教改革というヨーロッパ史上の大きな出来事と、カタやヴァサル村とのつながりが垣間見えたからには、カタの名前にわれわれが出会ったきっかけである魔女裁判についても触れないわけにはいかない。呪術と信仰と医療とそして少なからぬ想像力の産物としての魔女・魔法使い現象は、時代と場所を問わず広範に存在したし存在するが、魔女裁判・魔女狩りという強い社会現象として現出したのは近世のヨーロッパである。ドイツ各地では、魔女裁判は一六世紀初頭から増加し始めて、一七世紀初頭にピークを迎え、一八世紀になるとほとんど消滅していく。一方ハンガリーでの魔女裁判のピークは、それより少し遅れて一八世紀前半であった。しかしそれも、マリア＝テレジアの啓蒙改革の中で一七五〇年代から出された一連の王令で、各地の裁判所が魔女を裁くことが禁じられるようになると急速に減少していった。王令で禁止されたにもかかわらず魔女裁判がほぼ消滅するのは一九世紀を待たなければならなかったが、それは、国王が地方領主の司法権に介入することへの反発が根強くあったからであった。一七五九年に行われたカタの裁判は、まさに魔女裁判が禁止されつつあった時期に起こった。彼女が、数多くの「容疑」にもかかわらず、女王自らの裁定を経て無罪を勝ち取った背景には、このような時代の流れがあったのである。

最後に、ヴァサル村にあったトウモロコシ畑の世界史上の位置を見ておこう。カタ裁判では、魔法で牛の群れをトウモロコシ畑に乱入させるぞとトウモロコシ畑の番人が脅される、という内容で登場していた。番人が置かれていることから、このトウモロコシ畑はある程度の広さがあったこと、おそらく村落が共同で耕作していた畑だったということがわかる。その一方で、もう一つの史料の納税帳簿にはトウモロコシへの課税が記されていないことから、この作物の重要度はまだまだ低く、おそらく村の耕地全体からすればその一部に過ぎなかったことも推測できる。

周知のように、中南米を原産とするトウモロコシがヨーロッパにもたらされたのは、新旧両大陸の接触が始まった後の一六世紀のことである。ハンガリーへは、イタリアやオスマン帝国支配下のバルカン半島を経由して、一七世紀前半に姿を現した。この経路のゆえに、史料ではしばしば「トルコ小麦」「海の（小麦）」と記される。やせた土地でも育つトウモロコシは、雑穀に代わる食糧として主に開墾地で好んで栽培され、ヨーロッパの農村の風景の一部となっていった。ただ、安価な穀物代用食物として生産されているうちは、トウモロコシ畑は、まだ農地のあくまで一部を占めるに過ぎなかった。これが、飛躍的に面積を拡大していくのは一八世紀末から一九世紀になってからのこと。家畜、特にブタの舎飼いが本格的に始まってからである。それまで川原や森林で放牧されてミミズやドングリを食べて肥えていたブタが、トウモロコシを飼料として与えられるようになったのである。食用作物から飼料作物への転換を経て、ハンガリーでのトウモロコシの作付面積は、一九世紀後半には小麦の半分に、二〇世紀後半にはほぼ同規模にまでなった。そして、バイオ燃料の原料としての使用が模索される二一世紀には、トウモロコシ畑は小麦畑を上回る面積を有するようになるのである。ヴァサル村の一角で番人が見張っていたトウモロコシ畑は、そんな長い変化の過程が始まったところ、飼料作物となり面積が拡大する前夜の姿だったのである。

3　土地と現在——歴史を歩く

過去に生きた人、過去に起こった出来事は史料の中に刻まれる。しかし、私たちはその出来事を直

図３－７　18世紀末のヴァサル村

（ハプスブルク君主国第１回軍事地図 https://mapire.eu/hu/map/firstsurvey-hungary/ 2018年12月31日最終アクセス）

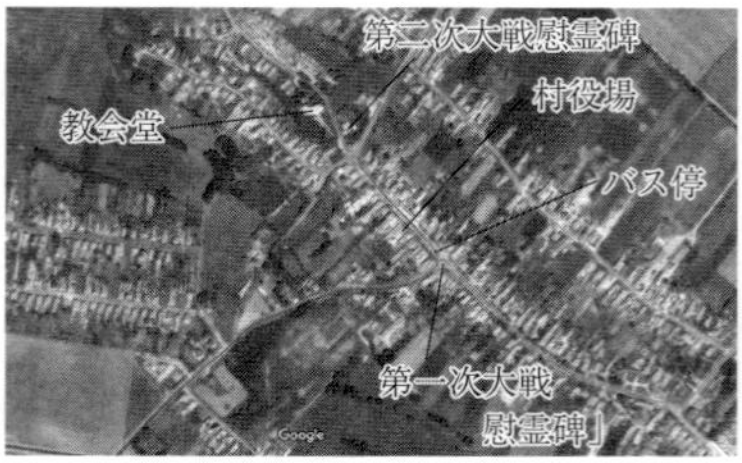

図３－８　現在のヴァサル村

©google

接に追体験することはできないし、すでに死去した人と話すこともできない。魔女カタがその生涯で日々発したはずの言葉は、判事の質問に答えて書記によって書き留められたいくつかの発言を除けば、永遠に消え去ったのである。しかし、声は消えるが、土地は消えない。史料に登場する地名がどこなのか特定できなかったり、かつてあった集落が天災その他で消滅したりすることなどがない限り、名もなき出来事が起こった現場は今もそこにある。カタが暮らしたわれわれのヴァサル村もそうである。本章の最後として、現地を歩いて、土地を史料として眺めてみることにしよう。

出発前にまずは地図を確認しておこう。一八世紀のヴァサル村を描いた詳細な地図は残されていないので、一七八〇年代にハンガリーで初めて全国規模で作成された軍事地図の該当部分を見てみよう（図３－７）。

そこには、他の史料や現在の表記と少し異なり「ヴァーサール」と記された集落が、北西から南東に細長く伸びるかたちで描かれている。集落は緑色の枠のようなもので囲まれ、建物は赤い四角で描かれて並んでいる。建物のうち、村の北西部に大きく描かれたものは教会堂のはずだ。そのすぐ隣にも少し大きめの建物が、そして北側には墓地と思しき区画が描かれている。周辺の町村とを結ぶ街道もはっきりと書かれているが、村の中の通りは書き込まれていない。建物の並びからすると、教会堂から南東に延びる二列になった家のあいだに通りが一本ありそうである。それから少しずれる形で、教会堂の南西側にも二列の家並みが見えるのでここにももう一本の通りがあるようだ。二本の通りのずれは教会のすぐ前で村を横断する街道を境に起こっている。この街道を南西に行くと集落を出てすぐのところに小川をまたぐ橋があり、そこで村の真ん中あたりから延びてきたもう一つの街道と合流する。そのあと何本かに分岐する街道のうち、南西にまっすぐ伸びる道を一〇キロメートルも行けば、このあたりの中核都市パーパへとつながる。これを現在の航空写真と比べてみると、通りの数は増えているものの、集落構造は変わっていないことがわかる（図3-8）。一八世紀の地図に描かれた教会堂、ずれた二本の通り、村から南西に向かう街道が合流してできた三角形はそのまま残っている。

では、実際に現在のヴァサル村に行ってみよう。ハンガリーの首都ブダペシュトから高速道路を使って車で二時間ほど、隣のパーパ市を通過して広大な畑の間をしばらく行くとヴァサル村がある（図3-9）。地図で確認した街道の合流点で左手を見ると、少し先に教会堂の塔が見え隠れしている。そこから教会に向かって進んでいくと急に上り坂になる。古地図に描かれていた緑色の枠はこの急坂を表していたのだ。村は、細長い舟形の丘の上に位置していることがわかった。この坂を上ったところ、丘の北西の端にあるのがローマ・カトリックの教会堂（聖ジェルジュ教会）である（図3－10）。典型的なバロック様式のこの教会堂は、村の再入植後の一七二一年に建設され、一七八〇年に全面改修された。古地図でその隣に描かれていた大きめの建物は、村の司祭の館として今も使用されている。

教会の前からまっすぐ南東に延びるのが村のメインストリート（図3－11）。長さ三〇〇メートルほどのこの通りに、村役場、公民館、郵便局、小学校、幼稚園、郷土資料館、さらには居酒屋も並んでいる。居酒屋のそばにはパーパと村を結ぶバス路線の停留所も（図3－12）。平日は一日一四本、日曜は三本しかないローカル路線である。

先ほど上ってきた急坂を逆に下りてみよう（図3－13）。ここで、古地図に描かれた村の家の並び（通り）がずれていた理由がわかる。丘の細い尾根に背骨のように延びるメインストリートが教会堂

図3－9　ヴァサル村の入り口

（筆者撮影）

図3－10　ヴァサル村の教会堂

（筆者撮影）

図3－11　村のメインストリート

（筆者撮影）

にぶつかるので、教会堂の下の丘の中腹にサブストリートが形成されたのである。

坂の下から村のほうを見ると、短冊のような形状の細長い畑が、斜面の下から上に向かって延びているのがよく見える（図3－14）。写真を撮ったのは一一月初旬なので、手前の畑にはすでに芽吹いて緑の絨毯のようになった秋播き小麦が、その隣にはすでに十分に熟して刈り取りを待つだけの茶色いトウモロコシ畑が延びている。一八世紀に村の風景になった小麦畑とトウモロコシ畑のグラデーションが、今もここにはある。もっとも、その面積比は二五〇年前と今とは変わっているし、史料の中で番人が守っていた（牛を乱入させるぞと脅されていた）トウモロコシ畑がどこなのかもわからない。

ところで、現在も観察できるこうした短冊状の土地割は、ハンガリーだけでなくヨーロッパに広く見られるものである。先に見たヴァサル村の一八世紀の地図には、建物こそ描かれているが、通りも

図3－12　村のバス停

（筆者撮影）

図3－13　教会脇の坂道

（筆者撮影）

図3－14　村の斜面に細長く伸びる畑

（筆者撮影）

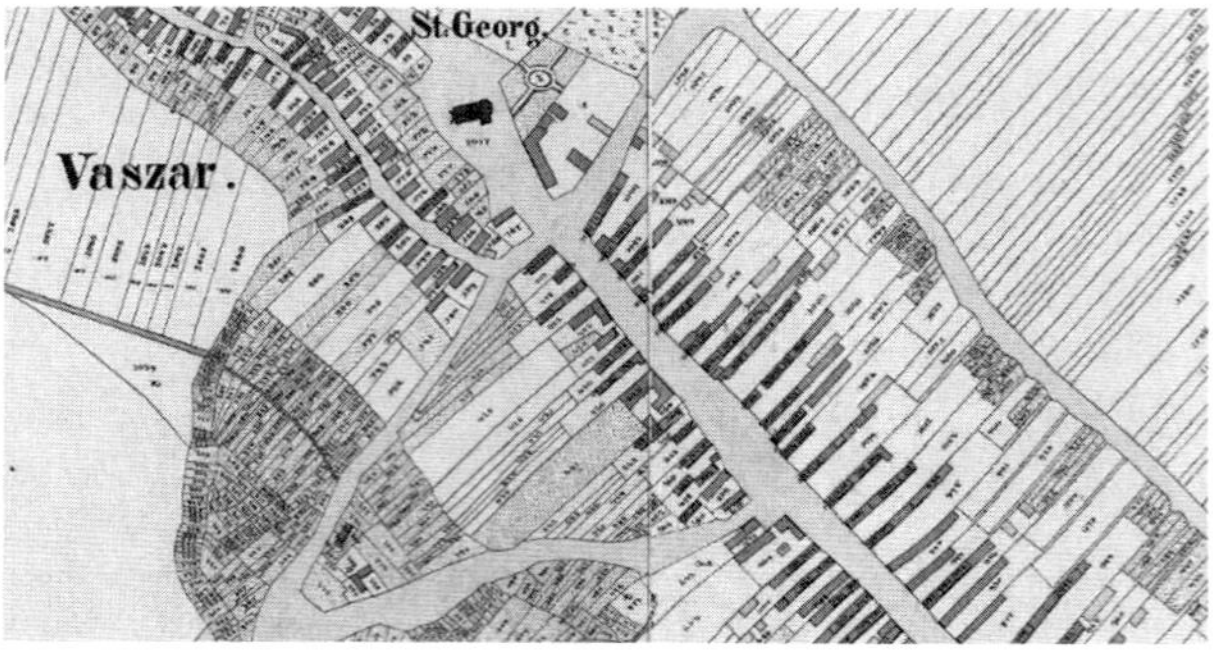

図3－15　1857年のヴァサル村地籍図

（ハプスブルク君主国全国地籍図　https://mapire.eu/hu/map/cadastral/　2018年12月31日最終アクセス）

土地区画も明示されていないので、この時期の土地の状況が正確にはわからない。ただ、おそらく現在の光景と根本的な違いはなかっただろう（むしろ、一八世紀の再入植の際にこうした土地割が行われたと推測できる）。時期は下るが、一九世紀半ば（一八五七年）に作成された詳細な地籍図が残っているので、それを見ると、短冊状の土地区画がよくわかる（図3－15）。

この地図から、この村が、通りの両側に家屋が並ぶ典型的な列状集落（路村）で、家屋の脇から背後まで細長い敷地があり、その先に耕地が同じように細長く伸びていることがわかる。メインストリート沿いに位置する家屋が敷地の奥に向かって長いのは、母屋に納屋や家畜小屋が併設されているからである。家屋のある屋敷地（中庭）には、野菜畑や果樹園も設けられ、足元を家禽類がミミズをついばみながら歩き回る空間で、その外側にある耕地とは明確に分けられていた。栽培が始まったばかりの頃にトウモロコシが植えられたのはこの敷地内、野菜畑の一角だった。次第に農民生活における重要性が増し、植え付け面積が拡大するにつれ、外側の耕地部分へと進出していったのである。

現在のヴァサル村のメインストリートに並ぶ家屋には、前近代の面影を残すものはない。敷地の道路側に家屋があることで、集落の構造自体は変化していないが、建物自体は戦後の社会主義期に全国の村で伝統家屋にとってかわった「サイコロ型家屋」になっている。家の並び方から往時を想像するのみである。

村の散策の終わりに、村内に建てられた戦没者慰霊碑を見ておこう。この村（と、この国と、世界と）が経験した二つの世界大戦で、兵士として戦死した村出身者の名が刻まれている。そこには、ネーメト家をはじめ、イハース、タカーチュ、ヘーリチュ、セーレシュなど、一八世紀の史料で出会った姓の人物が並んでいる。これらの戦没者がどの家の人たちだったかは、教区簿冊を使って丹念に系図を作り、いまの村人に聞き取りを行って確かめる必要があるが、ここでも、過去と現在のつながりを知ることができる。加えて、史料読みの観点からは、文字綴りが一定しない古い表記の人名が、現在はどのように記されるのかを知る手段にもなるのである。

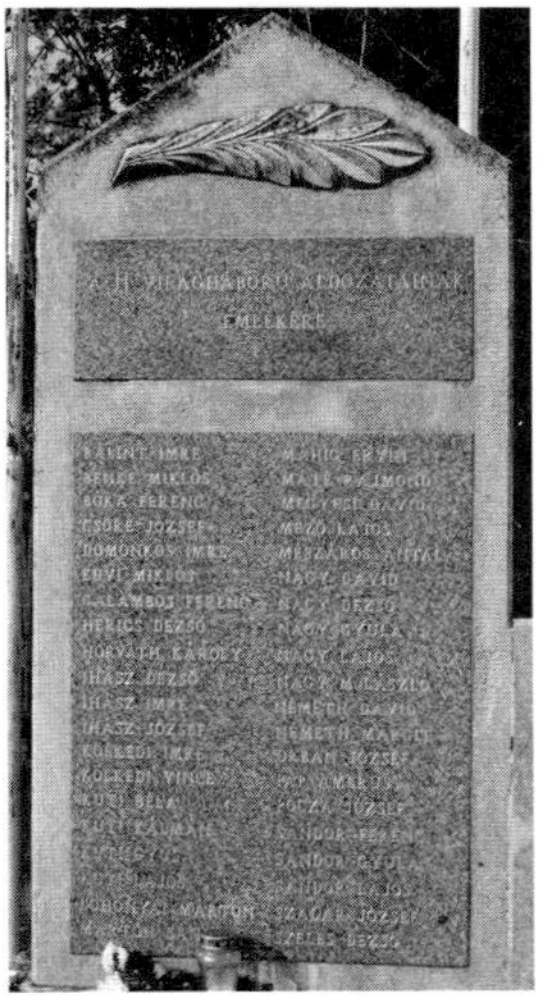

図 3-16　第二次世界大戦の戦没者慰霊碑

（筆者撮影）

4　史料から読み取れること、読み取れないこと

この章では、一八世紀に起こったある名もなき魔女裁判を糸口に、史料をもとに歴史を語る可能性と限界を見てきた。歴史は史料に基づかなければ書くことができない。しかし同時に、すべてのことが史料として残されているわけではない。そして、史料にはそれぞれに性格がある。そこに書き込まれる事柄、書かれることがない事柄がある。史料に向かい合うとき、私たちは、それがどのようなものなのか、それがなぜ生まれたのかを問いかけなければならない。

裁判記録は村人の告発と司法権力の介入によって、納税帳簿は税を徴収する領主権力によって、そして、教区簿冊は信者に対する秘跡を管理するキリスト教会によって作成され、残された。そうした、史料生成の文脈を踏まえることで、史料が語ることと語らないことの意味を考えることが可能になるのである。

さきほど、村の散策の終わりに眺めた戦没者慰霊碑に戻ろう。二つの大戦の慰霊碑は、実はそれほど古いものではない。教会堂のそばに立つ第二次世界大戦の碑は一九八八年に、村役場の前に立つ第一次世界大戦のものは一九九六年に建てられたものである。一九八八年は、戦後まもなくハンガリーで始まった社会主義体制がもうすぐ終わろうとしている頃、一九九六年は、体制転換後の混乱が一段落した頃（碑に刻まれた文言では「ハンガリー祖国到着千年」）のことである。この村の現代史を考えるた

めにこの慰霊碑を史料として扱おうとするならば、なぜこの時にこれらが建てられたのかを問うていくことから始めることになるだろう。

史料に向き合い、それを用いて過去に何が起こったかを「復元」していく作業は、すなわち、史料の成り立ちを考え、史料に残されたことと残されていないことを対話させていくこと、現代の私たちがそれらに問いかけ、それらの間をつないでいく作業なのである。これらの作業を通じて、歴史の中の「他者」は具体的な容貌をもった者として私たちの前に姿を現し、そして、歴史の中で何らかの「意味」を発するようになるのである。

参考文献

Poládi-Kovács Attila (ed.), *Magyar néprajz. II. Gazdálkodás*, Budapest, 2001.
Danyi Dezső, Dávid Zoltán (eds.), *Az első magyarországi népszámlálás (1784–1787)*, Budapest, 1960.
Pócs Éva, Boszorkányüldözés, *Magyar művelődéstörténeti lexikon*, I., Budapest, 2003.
Felhő Ibolya (ed.), *Az úrbéres birtokviszonyok Magyarországon Mária Terézia korában*, I. Budapest, 1970.
Sz. Kristóf Ildikó, Boszorkányüldözés a kora újkori Magyarországon: kutatástörténet, eredmények, teendők 2013-ban, *Boszorkányok, varázslók és démonok Közép-Kelet-Európában*, Budapest, 2014.
Tóth G. Péter (ed.), *A magyarországi boszorkányság forrásai*, IV., Budapest, 2005.

第4章　歴史を意味づける

割田聖史

1　歴史に問いかける

「過去に起こった事象」を史実と呼ぶならば、史実というものは無限に存在する。史実のうち、史料として何らかの形で痕跡が記録されている場合は、私たちの視野に入ってくることもありうるが、そもそも何にも記録されていない、痕跡すらないといったものも無数にあるだろう。だから、私たちは史実の全てを把握し、表現することはできない。史料として痕跡を残している史実を材料にしてしか歴史を考えることができないのである。その制約を前提にしてもなお、考えねばならないことがある。

史実の連なりとしての「歴史」は、無数に存在する史実にたいして、人が意味を与える（問いかける）ことによって作られるものであり、重要とされるものを選別（評価）することにより意味づけられる。そして、意味づけられた諸事象を総合していくことで歴史像が作られていく。そのために、過去の事象である史実、そして、その痕跡である史料をいかに選別し、整理し、意味づけていくかは歴史的思考にとってきわめて重要な問題となる。

しかし、叙述の流れを持った「歴史」を何もないところで一から考えることもできない。つまり、物事を歴史的に考える際には、自身が物事を考える基礎として一定の歴史像が前提となっているのである。さらに、それと同時に、史実や「歴史」に問いかけることによって新しい歴史像が生み出され続けているということになる。

ならば、どのような前提と論理でこの「問いかけ」が発せられ、「選別」と意味づけ（評価）が行われるのか。史実および史料を選別・整理する際、優先されるべき枠組み・問いかけというものはあるのか。より重要な史実というのはあるのか、あるならばなぜか、という点が考えられねばならない。

本章では、フランス革命を事例に挙げながら検討していく。フランス革命という史実が、どのように意味づけられ、そこからどのような歴史像が作られるのか、それはどのような背景からなのかを考えてみたい。筆者はフランス史を専門としていないが、「重要」とされる事件の歴史像を考えるうえで、最も適切な事例であると考えるからである。

2　「フランス革命が起こった」――教科書に見るフランス革命

大半の人がフランス革命という言葉を聞いたことがあるだろうし、フランス革命が重要である、と考えているだろう。フランス革命について、いつどこで最初に耳にするかは人によってちがいがあるが、学校で最初に学ぶのは中学校の歴史の授業ということになっている。そこで、まずは中学校の教科書の記述を見てみよう。

中学校歴史教科書にみる「フランス革命」

ここでは二つの中学校歴史教科書におけるフランス革命の叙述を取り上げる。中学校の歴史は、基本的には日本史が中心で、他の地域や国についてはほとんど触れられない。しかし、フランス革命は、近代の始まりである日本の「開国」の前提となるヨーロッパ諸国の隆盛を説明するために、イギリス革命、アメリカ合衆国独立、啓蒙思想、産業革命、資本主義と社会主義、といった項目と並べて扱われている（資料1・資料2）。

中学校の歴史教科書では、「フランス革命が起こった」「革命を引き起こした」とあり、それぞれバスティーユ襲撃の絵が掲載されている。叙述としてはきわめて短く、そのため、フランス革命が一過性的な「事件」のように見える。また、フランス革命は「普遍的な人権を理想にかかげる革命」であり、「後の世界に大きな影響」があったと強調されているが、その重要性への言及は抽象的である。

中学校の教科書において、教科書間にフランス革命についての評価の違いは見ることができない。

資料1　『新編 新しい社会 歴史』（東京書籍，2017年），146-147頁

フランス革命

こうした中，アメリカ独立戦争を支援した戦費の支払いのために，1789年国王が第一・第二身分にも課税しようとして議会（三部会）を開催すると，パリでも地方でも人々が立ち上がり，**フランス革命**が始まりました。三部会の平民議員たちは新たに国民議会を作り，身分の特権を廃止し，人間の自由と平等，国民主権，言論の自由，私有財産の不可侵などを唱える人権宣言を発表しました。

しかし，革命の広がりをおそれる周囲の国々が軍を送って干渉したため，戦争が始まりました。フランスの革命政府は，敵国への協力が疑われた国王を廃位したうえで処刑して共和制を始め，徴兵制で軍事力を強化し，また経済を統制するなど，戦争を進めるために，政治と社会の仕組みを再び変更しました。しかし，こうした動きに反対する内乱も起こり，不安定な政治が続くうちに，外国との戦争で活躍した軍人の**ナポレオン**が権力をにぎり，革命の終結を宣言して，1804年には皇帝の位に就きました。

ナポレオンは，イギリス以外のヨーロッパ諸国を軍事力で従わせて，自分の一族を周辺国の王にし，ヨーロッパの大部分を支配しました。また法の下の平等，経済活動の自由，家族の尊重を定める民法（ナポレオン法典）を制定しました。ナポレオンはイギリスも従わせようとし，各国にイギリスとの貿易を禁じました。しかし，これに違反したロシアに攻めこんで敗れ，さらにフランスの支配に反対する各地のナショナリズムの高まりによって敗戦を続け，ナポレオンの支配は1815年に終わりました。

その後のフランスでは，再び革命が起こるなど政治的に不安定な時期が続きますが，フランス革命は生まれや国籍を問わず，啓蒙思想に基づいて普遍的な人権を理想にかかげる革命だったので，世界中の抑圧に苦しむ人々に希望をあたえました。

バスチーユ牢獄の襲撃

資料2　『中学社会 歴史 未来をひらく』（教育出版，2017年），134頁

フランス革命

独立宣言にあらわされた民主主義の精神は，ヨーロッパにも影響を及ぼしました。国王と貴族中心の政治が続いていたフランスでは，1789年，財政を立て直すために，聖職者・貴族・平民という三つの身分の代表による議会が開かれました。しかし，平民の代表は，自分たちこそ国民の代表であると主張し，国民議会をつくりました。国王が，この動きを武力でおさえようとしたのが引き金となり，都市の民衆や農民が革命を引き起こしました（フランス革命）。

この革命は，古い身分社会を打ちこわし，市民を中心とした，自由で平等な新しい社会への道を開きました。国民議会が発表した人権宣言は，個人の権利や市民社会の政治の重要な原則を示し，後の世界に大きな影響を与えました。

資料3　『詳説世界史Ｂ 改訂版』（山川出版社，2018年），フランス革命部分構成（248-255頁）

フランス革命とナポレオン

フランス革命の構造

旧制度，第一身分，第二身分，第三身分，啓蒙思想，フランス革命

立憲君主制の成立

ルイ16世，三部会，国民議会，「球戯場（テニスコート）の誓い」，バスティーユ牢獄（を７月14日に攻撃），封建的特権の廃止，人権宣言，ヴェルサイユ（への行進），ヴァレンヌ逃亡事件

戦争と共和政

立法議会，立憲君主派，ジロンド派，オーストリアに宣戦，国民公会，第一共和政，ジャコバン派，第１回対仏大同盟，ロベスピエール，公安委員会，恐怖政治，テルミドール９日のクーデタ

革命の終了

総裁政府，ナポレオン＝ボナパルト，第２回対仏大同盟，統領政府，ブリュメール18日のクーデタ，国民国家

皇帝ナポレオン

アミアンの和約，ナポレオン法典，ナポレオン１世，第一帝政，第３回対仏大同盟，ネルソン，トラファルガーの海戦，アウステルリッツの戦い（三帝会戦），ライン同盟，ティルジット条約，大陸封鎖令，シュタイン，ハルデンベルク，ロシアに遠征，ライプツィヒの戦い，ルイ18世，ワーテルローの戦い，セントヘレナ島

高校世界史教科書にみる「フランス革命」

次に高校の世界史の教科書を見てみよう。世界史A・世界史Bともに叙述があるが、ここでは、より詳細に書かれている世界史Bの教科書の叙述を見ていく。山川出版社『詳説世界史B』における「フランス革命とナポレオン」の節は、全体で八ページに及ぶので、その節の中の構成とゴシック体となっている重要単語とされるものを抜き出してみよう（資料3）。

この教科書の記述からフランス革命の大まかな流れを見てみよう。「立憲君主制の成立」の項は、一七八九年から一七九一年九月までを描いている。自由主義的貴族や第三身分上層による国民議会開催、パンの値上がりに苦しむパリ民衆のバスティーユ襲撃によって革命が始まり、封建的特権の廃止、「人権宣言」の採択といった国民議会の政策、そしてヴァレンヌ逃亡事件で王政が動揺したことまでが述べられている。立憲王政期といえるので、この時期を第一期としておこう。

「戦争と共和政」の項は、一七九一年八月から一七九四年七月までを対象としているが、一七九三年三月に始まるジャコバン独裁で二つの時期に分かれる。第二期は、一七九二年八月に王権が停止され、翌月に国民公会が成立し、共和政が樹立された時期である。対外的には、戦争がはじまり、また第一回対仏大同盟が形成されるという危機を迎えていた。国内では、農民反乱が広がった。この間、国民公会ではジャコバン派が勢力を増していた。ジャコバン派は、危機を乗り切るために、ロベスピエールを中心に急進的な政策を強行し、反対派を処刑する、いわゆる「恐怖政治」を行った。これを恐れた反対派が一七九四年七月にテルミドール九日のクーデタを起こし、ロベスピエールらは処刑された。このジャコバン独裁期が第三期である。

「革命の終了」の項では、ジャコバン派没落後、制限選挙制を復活させた一七九五年憲法により成立した総裁政府が成立したことが述べられる。この総裁政府期が第四期である。しかし、政権は不安定であり、そのためにナポレオン・ボナパルトが台頭し、最終的に一七九九年一一月のブリュメール一八日のクーデタで統領政府を成立させ実権を握り、革命を終結させた。

フランス革命からナポレオンまでの時期は、時間的には約二五年に過ぎず、空間的には直接的に関連する事象はヨーロッパに限定されている。それにもかかわらず、教科書において大きなページ数が割かれているということは、フランス革命とナポレオンの重要性が認識されているからであろう。

次に、教科書におけるフランス革命を説明する叙述を見ておきたい。

フランス革命（一七八九〜一七九九）は、こうした状況下に王権に対する貴族の反抗をきっかけに始まったが、有産市民層が旧制度を廃棄して、その政治的発言力を確立する結果となった。農民・都市民衆は旧制度の廃棄に重要な役割をはたしたが、同時に、有産市民層が推進した資本主義経済にも反対した。フランス革命はこのように、貴族・ブルジョワ（有産市民）・農民・都市民衆という四つの社会層による革命が絡みあって進行したために、複雑な経過をたどることになった（『詳説世界史B』二四八〜二四九頁）。

ここでは、フランス革命は、一過性の事件ではなく、一〇年にわたるプロセスであること、貴族、有産市民層（ブルジョワ）、農民、都市民衆といったさまざまな社会層が複雑に「絡まっている」ことが示されている。

そして、フランス革命の意義については、

自由と平等を掲げたフランス革命は、それまで身分・職業・地域などによって分けられていた人々を、国家と直接結びついた市民（国民）にかえようとした。革命中に実行されたさまざまな制度変革と革命防衛戦争をつうじて、フランス人の国民としてのまとまりはより強まった。こうして誕生した、国民意識を持った平等な市民が国家を構成するという「国民国家」の理念は、フランス以外の国々にも広まるとともに、フランス革命の成果を受け継いだナポレオンによる支配に対する抵抗の根拠ともなった（『詳説　世界史B』二五二〜二五三頁）。

とあり、「国民国家」の理念を作り出したことの重要性が強調されている。国民国家の重要性は、一九九〇年代以降の教科書から特に強調されるようになる。これは、現在の歴史研究の成果を示しているものであろう。また、それ以前の教科書には、このようなフランス革命の意義をわざわざ定義するような記述はなかった。これは、革命の意義は自明であったということを示しているのかもしれない。どの教科書にも、内容・分量的にフランス革命にかなりの比重をおいている。それは、フランス革命が革命以前の旧体制から大きな変化を生み出したものであり、その後の世界に対しても重要である、という認識に立っているためであり、現代の日本で暮らす我々のほぼ共通の認識だといえる。

中学校の教科書と同様、フランス革命についての評価に関して、大きな違いを教科書間に見ることはできない。ともに、学習指導要領に沿って作られているからであろう。だが、その学習指導要領や教科書執筆者たちは、最新のフランス革命史研究の成果を念頭に置いているのである。とするならば、フランス革命の歴史の研究状況を追わねばならない。

3　歴史研究におけるフランス革命

フランス革命は、当然のことながら、それが起こったフランスでまず重要視される。ここでは、主に歴史研究者の見解を追って、それぞれによる意味づけを簡単にたどっておきたい。

共和政を擁護する──「民主主義革命」としてのフランス革命

フランス革命の歴史学的研究は、一八八五年にパリ大学にフランス革命史講座が創設された際に本格的に始まったといえるだろう。その初代教授がアルフォンス・オラール（Francois Victor Alphonse Aulard, 1848-1928）であった。この時期にフランス革命史講座ができるのは、フランス革命一〇〇年が数年後に迫っていたからである。第三共和政の時代であった当時のフランスでは、共和政に反対する勢力もおり、政情は危機的状況にあった。したがって、共和政を正当化するために、その起源であるフランス革命の研究が必要となったのである。

オラールの主著『フランス革命の政治史』で示されているその主張を見ていく。オラールは、自身の著作を「史料に基づく」ものとし、その内容を「政治的」なものに限定した。このような態度は、実証主義的な歴史学の態度そのものであるといえるだろう。

オラールは、一七八九年から一八〇四年までを扱い、「人権宣言の諸原理」がいかに当時の制度に貫徹したか、また、演説や新聞、さまざまな党派の政策や世論の表明においていかに解釈されたかを示そうとしている。オラールにとって、人権宣言で示されている「権利の平等の原則および国民主権の原則」は「革命の本質的原理」であり、「民主主義と共和主義の起源と発展の観点から革命の政治史を描くこと」が著作の目的であるとした。そして、「民主主義は平等の原則の論理的帰結であり、共和主義は国民主権の論理的帰結である」としている（Aulard 1965：9）。

オラールは、一七八九年の人権宣言の理念とその帰結である民主主義と共和主義を重視している。民主主義の実現を目指すということで、この見方を「民主主義革命」としよう。この観点からすると、フランス革命の「政治革命」としての性格が重視され、政治的な民主主義および共和政が達成されたことがフランス革命の最も重要な意義である。そのため、実際のフランス革命の過程では、一七九二年から一七九三年の共和国（前述の革命の第二期）において、その「民主主義革命」という目的を達したこととなる。これは、当時のフランス第三共和政を擁護することにつながる。民主主義的共和政を達成したフランス革命は、それ自体が目的であり、帰結となる。そして、それを引き継いでいるオラールが生きている時代の第三共和政も守るべきものとなるのである。

他方で、フランス革命の展開で生じたジャコバン独裁から恐怖政治へと至る革命の第三期は、革命の進展の中の「例外」でなければならず、その事態を生じさせたロベスピエールに対する評価はきわめて低いものであった。

労働者のための世界を目指す――「ブルジョワ革命」としてのフランス革命

ジャン・ジョレス（Jean Leon Jaures, 1859-1914）は、フランス社会党の創立期の指導者として知られている。反戦主義者であったジョレスは、第一次世界大戦となる戦争の開戦に反対し、熱狂的なナショナリストに暗殺され、その生涯を閉じた。

ジョレスの経歴や『フランス革命の社会主義的歴史』という彼の主著のタイトルから、彼が社会主義者であることは明らかであろう。社会主義とは、資本主義的・自由主義的社会の弊害に反対し、より平等な社会を目指す思想や運動であるとひとまず定義しておく。

フランス革命を「政治革命」としてだけでなく、社会全般の変革を意味する「社会革命」と理解するジョレスは、フランス革命の理解のために、政治史だけでなく社会や経済の領域へ踏み込んでいる。

では、ジョレスにとってのフランス革命の意義とは何だったのだろうか。

「フランス革命は、間接的に無産階級の勃興を準備した。それは社会主義の根本的二大条件、すなわち、民主主義と資本主義とを実現した。けれどもそれは、その根底においては、有産階級の政治的勃興であった」（ジャン・ジョレス『仏蘭西大革命史』第一巻、二一頁。引用に際して現代文に訳し直した）。

フランス革命は、社会主義の前提条件である「民主主義と資本主義」を作り出すために必要なものであった。ただし、フランス革命で示された諸原理は、あくまでも有産階級であるブルジョワのためのものであり、そのためフランス革命は、「ブルジョワ革命」である。これに対し、無産階級の社会は、フランス革命では実現されていなかった。

ジョレスは、「社会主義的立場」に立っている。社会主義的な歴史観とは、階級闘争史観と呼ばれるものである。この見方は、ある社会において、支配する階級と支配される階級があり、その階級闘争の結果、支配される階級が革命などを通じて新しい社会を作るという図式に基づいた理解に基づいている。近代の場合は、支配する階級が有産市民階級（ブルジョワジー）、支配される階級が無産階級（プロレタリアート）となる。社会主義者は、無産階級の側に立ち、政治的だけでなく、所有関係を中心とした社会全体の変革を目指した。ジョレスも、このような見方をとっている。

ジョレスの生きた時代は、資本主義が進展し、その諸矛盾も拡大した時代であった。その中で、社会主義思想が発展したが、労働者の社会は実現しなかった。そのため、未来に労働者の世界が来るものと想定し、フランス革命は次の時代のために前提となる「ブルジョワ革命」として位置づけられたのである。このため、無産階級を重視するジャコバン独裁の時期である第三期を高く評価した。

ジョレスの死後、一九一七年にロシア革命が起こったことで状況が大きく変化した。ロシア革命は、世界で初めて社会主義国家を現実のものとした。その当時のフランス革命史研究は、アルベール・マチエ（Albert Mathiez, 1874-1932）が中心となっていた。

マチエは、オラールの弟子として出発したが、ジョレスの影響を受けて社会経済史にも着目していた。そのため、政治史と社会経済的な関心を結びつけ、オラールとマチエ以降の革命史家たちとの「はしわたし」となった、と評価される（前川、二七六頁）。マチエは、フランス革命を単なる「政治革命」としてだけでなく、「社会革命」として理解する。そのため、オラールと違い、ロベスピエールをその宗教政策・社会政策のために高く評価した。そして、ジャコバン独裁を革命の過程の「例外」としてではなく、「宿命」として捉えた。

マチエは、フランス革命を来るべき未来の前提としての「ブルジョワ革命」というだけではなく、ロシア革命という現実に起こった社会主義革命の前提として位置づけた。この結果、フランス革命は、現実の中で、人間の「解放」へと進む世界における重要な転機と位置づけ直されたのである。

ルフェーブルと「複合革命」

マチエの大きな貢献は、フランス革命は、革命を中心的に担う社会層の交代に応じて、いくつかの段階を経て推移したことを明らかにしたことである。ただ、マチエは「推移」として示したのに留まり、フランス革命の「構造」にまでは触れなかった。それを明らかにしたのは、ルフェーブルである。ジョルジュ・ルフェーブル（Georges Lefebvre, 1874–1959）は、一九三六年にフランス革命史講座の教授になり、一九三七年にフランス革命史研究所を組織した。フランス革命一五〇周年に当たる一九三九年、これを記念する『八九年』を執筆した。著作においてルフェーブルは、フランス革命によって「一七八九年の父祖」たちが獲得した自由と平等を守ることを「一九三九年の若者」に訴えた。この著作が著された時期は、オラールやジョレスの時代から五〇年近く経っており、共和政はすでに安定していた。しかし、一九三九年は、ナチ・ドイツやイタリア・ファシズムという全体主義の脅威が現実のものとなっていた年でもあった。そのため、ルフェーブルは、フランスを擁護するという政治的な文脈の中で、この著作を著したのであった。ルフェーブルにとって、フランス革命は、ドイツに対するフランスというだけでなく、全体主義に対する自由・平等のシンボルであったのである。このことは、フランス革命に、時代に応じた新たな価値を付け加えたといえるだろう。

同時に、この著書の重要な点は、革命の担い手に関する構造的な理解を深めたことである。マチエは革命を中心的に担った社会層の「交代」という観点にとどまっていたが、ルフェーブルは、「アリストクラートの革命」「ブルジョワの革命」「民衆の革命」「農民の革命」といったそれぞれ利害を異にする社会層が、その時々の結合により、革命を導くという「複合革命」という見方を示した。その上で、これらの諸革命の結果が、ブルジョワの利害に添うかたちで結実したために、フランス革命は「ブルジョワ革命」と認識されると結論づけている。

現在の日本の高校歴史教科書の叙述におけるフランス革命の政治過程や担い手についての基本的理解は、ルフェーブルのこの見方を基礎としているといえるだろう。

また、ルフェーブルは『革命的群集』において、普通の人々が集合体となった「群衆」の心性を検討している。ブルジョワや政治指導者といった社会の上層・中層だけでなく、フランス革命の際の

「普通の人々」の視点、いわば「下からの視点」に道を拓いた。「民衆」「群集」という言葉で理解される社会の下層の人々が、社会主義を望んだというだけでなく、独自の論理を持っているというさまざまな可能性を提示した。このことは、フランス革命期の民衆の社会史への道を拓いたといえる。

一九七〇年代以降のさまざまな見方

オラールからルフェーブルに至るまでのフランス革命史講座を「正統派」の革命史学というならば、ルフェーブルの後、「正統派」をリードしたのは、アルベール・ソブール（Albert Soboul, 1914-1982）だった。ソブールは、都市民衆の自立的な革命に焦点を当て、「下からの革命」の存在を明らかにした。また、ソブールは、イデオロギー的にはマルクス主義的立場を堅持していた。

「正統派」の叙述において、フランス革命はいわば「特別扱い」されていた。それは、フランスの共和政の歴史的起源でフランス人にとって守るべきもの、また、世界史的に見ればプロレタリア革命に至る前段階としての革命であり、「（社会主義的な）進歩」に直結するという二重の意味での「特別扱い」によっていた。

このフランス革命の「特別扱い」は、一九七〇年代には、フランソワ・フュレ（François Furet, 1927-1997）らによって批判されるようになった。ブルジョワが革命を担ったという点については、実証レベルでは、革命以前のフランスにおいては階級としてのブルジョワジーは存在せず、したがって貴族とブルジョワジーの階級対立も存在しないということは、すでにフュレ以前から指摘されていた。

さらに、貴族と平民上層は、身分の違いを超えてエリート層を形成しており、アンシャン・レジーム末期から国政改革を目指していたことも明らかにされた。このため、フランス革命による大きな「断絶」そのものもないこととなる。

フュレの批判はむしろ、フランス革命史が「起源の物語であり、そしてアイデンティティーについての言説でありつづけた」という点に向けられている。これは、正統派の革命史家にとって、研究の前提となっているイデオロギーそのものを問題の俎上に乗せたということを意味しており、歴史認識のあり方そのものをめぐって激しい論争となった。

フュレの批判にはさまざまな背景があるが、フランス革命史研究の「正統派」に対するアナール学派の主張、また、マルクス主義的立場に対する脱コミュニストという立場があるだろう。とくに後者は、共産主義世界の現実が見えてきた一九七〇年代という時代背景による影響が大きい。

このような論争を通じ、フランス革命は政治的・社会経済上の大きな「変化」や「断絶」であるとは単純にはいうことができなくなった。また、一九八〇年代末には、社会主義体制が崩壊することでマルクス主義的なイデオロギーもその影響力を弱めた。この結果、フランス革命を「特別扱い」することは難しくなっていったといえるだろう。

では、フランス革命は何の変化ももたらさなかったのか。フュレは、社会経済面ではなく、「象徴的意味作用」の変化を強調する。さらに、アメリカの歴史家リン・ハント（Lynn Hunt）らは、フランス革命のもたらした変化は、社会・経済的なものではなく、政治的なものであり、とくに「政治文化」上の変化であると主張した。政治文化とは、レトリックや儀礼、言語、表象といった政治行動の原理を形作るものであるといえよう。フランス革命史研究が「表象」という次元へ視野を拡大した結果、革命は政治や社会経済といった側面からだけではその全体像を論じることがさらに難しくなったといえるだろう。

歴史に対する違うアプローチからのフランス革命の位置づけも見ておこう。

アメリカの社会学者・経済学者であるイマニュエル・ウォーラーステイン（Immanuel Wallerstein）は、「近代世界システム」という歴史の見方を提唱した。この見方によれば、一六世紀の主権国家形成期の世界において、世界規模での分業制を基礎として、資本主義的世界経済が成立した。その世界経済において、それぞれの地域は、中核、半辺境、辺境と呼ばれるそれぞれ異なる役割を持つこととなった。このように構成される近代の世界的な経済体系を「近代世界システム」と呼ぶ。

基本的には経済史的な見方である「近代世界システム」においてフランス革命という政治的事件はどのように位置づけられるのか。ウォーラーステインは次のように説明する。

イギリスとフランスは、一八世紀半ばからヘゲモニー争いを続けていた。この争いには、資本主義経済により早く適応したイギリスが勝利した。フランス革命は、この争いに敗れたフランスの反応である。フランス革命の意義は、第一に早急にフランス国家を改革しようとする資本家の意識的な試みであること。第二に、公共の秩序が崩壊するような状況を生んだという点で「近代世界システム」で最初の反システム運動・反資本主義運動であったこと、第三に「近代世界システム」にショックを与えることで、文化・イデオロギーの側面を、少なくとも経済的・政治的な現実に追いつかせたこと。第三の点は、資本主義的世界経済が数世紀の間動いていたにもかかわらず、イデオロギー的には「封建的」であったという状態を、フランス革命が現実に追いつかせた、ということを意味している（ウォーラーステイン『近代世界システム』第三巻）。

ウォーラーステインの見方では、フランス革命が重要なのは、「近代世界システム」にとって、文化的・イデオロギー的側面であるということになる。政治的な民主主義・共和政体制、社会主義革命の前提としてのブルジョワ革命として重視しているのではない。いわば、「近代世界システム」の中の「一コマ」に過ぎない位置づけであるといえるだろう。

ここまで、フランスの歴史研究者を中心にして、フランス革命に対する見方を見てきたが、現在の段階では、フランス革命の全体を一つの側面だけでとらえることは困難になっているといえるだろう。

4　日本にとってのフランス革命

上の3では、主にフランスの研究者にとってのフランス革命を見てきた。フランス革命はまずフランス人にとって重要とされるからである。しかし、フランス革命は、日本にいる私たちにとっても重要なものとされている。ここでは、「日本にとってのフランス革命」を見ておきたい。

「騒乱」から「革命」へ――明治期のフランス革命理解

フランスで一七八九年に大きな騒乱が起こったことは、江戸時代のうちにすでに知られていた。明治初期は、フランス革命そのものよりもナポレオンへの関心の方が高かった。これは、ナポレオンの立志伝的な伝記的事績への興味というだけでなく、軍事的な関心が強かったためである。

まず、明治初期に大きな影響力を持った福沢諭吉の『西洋事情』から、フランス革命にたいする福沢の見解を見ておきたい。

福沢は、『西洋事情』二編巻の三（一八七〇年）でフランスについて述べている。フランク族の建国からナポレオン三世までのフランスの歴史の概略が述べられており、その中でフランス革命が語られる。フランス革命の原因として、ルイ一五世の内政・外交上の失政、改革を嫌悪する当時のフランスの風潮、さらにアメリカ独立革命に接したフランス人が、アメリカで「人民皆自由の風化に浴し意気揚々として太平を楽し」んでいるのを見たことが挙げられる。

そして、フランス革命の推移として、三部会、バスティーユの襲撃、国王の脱走計画の失敗、国王処刑、ジャコバン独裁、ロベスピエールの没落、対外戦争、ナポレオンの進出、ナポレオンの専権といった革命の主要な過程が述べられる。

国王処刑については、国王が新政府に従うか信用できないとして「無根の罪」で処刑したとしている。ジャコバン独裁に関しては、「粗暴も亦甚し。名は自由なれども其実は然らず。今般の革命を以て仏蘭西の政治は暴を以て暴に代へたるのみならず、改革を望みし者も自由を求て却て残虐を蒙ると云ふべし」と否定的に評価している（『福沢諭吉著作集』第一巻）。

同じ時期に刊行された箕作麟祥《みつくりあきよし》の『萬國新史』（原著は一八七一～七七年）は、当時の「世界現代史」といえるものであり、その叙述はフランス革命から始まる。

箕作麟祥は、フランスの一七八九年の「古今未曾有の変乱」の結果、「従前の政体国律一時に潰滅」して、その変革はヨーロッパ各国に波及し、「往古の陋習を一洗して」、「今日の隆運」「開化文明の域」へと至る「その源を開けり」と評価している。

箕作はまず、革命前のフランスの身分制社会は「貴族」「僧徒」「平民」からなると示す。そして、「貴族」と「僧徒」は租税を納めない特権を持っていたのにたいし、「平民」は「権無くして労苦多く」、各種の税を納めなければならず、とくに「農夫」は、一年のうち、数日間は賃金なしに「苦役（＝賦役）」をせねばならなかった。他方で「権勢」は王家にのみ属し、その「執政」は権威をほしいままにするという政治的腐敗がすすんでいた。その上、ルイ一四世の治世の際には、君主の権力が強大化し、その政治は「すこぶる苛虐」を極め、それに続くルイ一五世期には、さらなる浪費・失政も加わった。このような国情ならば、「大変乱を生じて禍害の至る」のは必然である、とフランスの旧体制がフランス革命を生じさせたと見ている。

他方で、その当時「一種の理学《ヒロソヒー》」が生じた。その内容は、宗教を批判し、人民の自主を基礎として、君主権力を制限し、身分を廃するものとし、啓蒙主義の勃興を示している。とくに、ルソーについては、「民約」の説として、「君臣の区別、政体の大綱」は国の人民のたがいの契約に基づくものであり、人民が協議したならば今までの政治体制を変更し、「君臣の別」を廃絶することができる、とその内容を説明し、フランス革命の一因としている。

箕作は、これに続いて、ルイ一六世治下のフランスの「危機」、三部会からナポレオンに至る革命の過程を描いている。

福沢にしても、箕作にしても、現在私たちがフランス革命と呼ぶ事件を「騒乱」「変乱」として理解している。福沢は、「騒乱」という言葉を使い、旧体制を破壊した意義を強調している。箕作は、「変乱」という言葉を用い、福沢と同様、旧体制を破壊した意義を強調するが、同時に、ヨーロッパの「今日の隆運」「開花文明」といったその後のヨーロッパの興隆の要因とみている。

明治一〇年代には自由民権思想が知識人をはじめとして全国に広まっていった。元来は、「革命」は中国の「易姓革命」の意味であったが、フランス革命史の翻訳などを通じて、自由民権期に「革命」という言葉が現在のような意味を獲得していった（井上清「日本人のフランス革命観」）。

自由民権の理論的指導者である中江兆民は、ルソーの『社会契約論』を民約論として紹介したが、一八八六年に『革命前法朗西二世紀事』を出版し、ルイ一五世とルイ一六世の統治期のフランスについて叙述している。これは、フランス革命がいかに準備されたか、政治、制度、思想、社会状況などさまざまな側面から明らかにしようとしたものである。

中江は、モンテスキュー、ヴォルテール、ルソーなどが書物を著し、「自由ノ理平等ノ義」を唱導してフランスに啓蒙思想が広まり、国王の権威に対抗する「輿論（世論）」が作り出された、とする。

これによって、「平民」も初めて「眼ヲ開イテ」政治にたいして見解を持つようになり、旧弊を一掃して、新しい政治体制を望むようになった、と革命の原因を説明する。そして、フランス革命を「古今禍乱ノ最惨烈ナル者」と評価するが、その理由は、革命が「一朝一夕ノ故ニ非ズ」と原因が長期にわたって形成されたためであると指摘している。さらに、中江は、国を変えようとする在野の「有志ノ志」は「輿論ナル者ヲ醸成シテ以テ自ラノ根拠ノ地」としなければならないと述べ、「輿論」とそれを作り出す民衆の力を重視した。一八世紀のフランスでは、「輿論ノ力」はすでに「最も高級」に達しており、王家といえどもどうにもできなくなっていたほど民衆の力が強くなっていたと指摘している（『中江兆民全集』八）。

中江は、この著作でフランス革命を直接的には描いておらず、革命前の全国三部会の招集で終わっている。世論や民衆の力によって議会を開催させたというイメージは、一八八一年に示されていた日本の「国会」（帝国議会）開設と重ね合わされている（第一回衆議院総選挙は一八九〇年に行われた）。「革命」という表現を用いて、かつては「騒乱」とされていた事象を描くことで、単なる破壊ではなく、立憲制の成立を高く評価しているといえるだろう。

歴史研究の対象としてのフランス革命

大正期には、箕作麟祥の従弟である歴史学者箕作元八（一八六二～一九一九）がフランス革命についての専門的な著作を著した。箕作元八は、一九〇〇年にヨーロッパに留学し、その際にオラールの著作に接した。ただし、共和政を擁護するオラールとは違い、箕作元八は君主政を支持していた。箕作元八の著作『フランス大革命史』（前編一九一九年、死後に後編）におけるフランス革命評価を見ておきたい。フランス革命の意義について、緒言で以下のように述べている。少し長いが引用する。

フランス大革命史は同国史上最大の事件の記録たるのみならず、同時に全欧州革新の歴史たり、西洋近古史の総決算たり、而して又最近世界史の源流たり。

フランス大革命の運動はこれを内にしては中世的封建制度の遺弊を一掃せるのみならず、新たに近世の民主主義の基礎を造れり。又、これを外にしては、従来王室及び貴族の私事に過ぎざりし家門主義の外交を排して、民族主義に基く国際運動を台頭せしめたり。当時フランス一国内に纏綿《てんめん》せりし弊害は同時に欧洲諸国至る所に存せる弊害にして、フランス国民の苦める所はまた欧洲列国の国民皆共に苦める所、就中、ドイツの如きは国内方数十哩に過ぎざる数多の小国に分れ、その弊実にフランスより甚しきものあり。かくの如くにして十八世紀末葉に於ける欧洲は、政治的、社会的、経済的、国際的に因襲相依り積弊山を成し、恰かも人身の痼疾が一大外科術を要せる如く、革命的刷新に依らざればまたこれを解決するに道無き情勢に迫られいたり（箕作元八『フランス大革命史』上、三〜四頁。引用に際して旧字体を新字体に改めてある）。

一八世紀のフランスの旧制度およびドイツの状況を「弊害」と理解し、それらのさまざまな弊害を人間の病のようにとらえ、それを「一大外科術」としてのフランス革命が取り除いたという理解である。また、「弊害」とは、国内では「中世的封建制度の遺弊」、国際的には「家門主義」であり、それを取り除いた後には、「民主主義」と「民族主義」が現れると理解されている。革命を旧制度からの解放ととらえ、「民主主義」を高く評価する点では、箕作元八の理解はオラールと共通している。ただし、国王ルイ一六世の処刑に関しては、ほとんど言及のないオラールとは違い、「史上最も悼惜すべき事実なりき」ときわめて同情的である。

さらに、オラールが最も重視する人権宣言については、議論すべきことが他にある時期に、「抽象的議論に時間を空費するは、これ国民議会の失策にして、その無能を證明するものに外ならず」と厳しい評価をしている。

また、箕作元八は、啓蒙主義を「旧物を根本より破壊し去り、新たなる計画の下にこれを改造せんとする精神を代表する文学」と理解し、理系の研究法を「複雑なる人文」に応用しようとする特徴をもつとする。そして、啓蒙主義は、純然たる理屈の上で立論を現実にあてはめ、それを徹底しようとするため、「実際は頗《すこぶ》る不合理なる結論」に至ることとなる。フランス革命の進行では、啓蒙主義に感化された人々が、このような事態に陥り、「回復しがたき失敗」をしたのであると、箕作元八は啓蒙主義の抽象性を厳しく批判している。

箕作元八のフランス革命の見方は複雑である。旧体制を廃し、民主的な制度を打ち立てた点については高く評価するが、恐怖政治に至った点には批判的である。これは、オラールと同じである。しかし、恐怖政治に至ったことを批判する理由は、箕作元八の政治的な立場として、共和政には反対し、君主政を支持するという点にあり、この点はオラールとは異なっている。大正期の日本の状況では、君主政を廃止して共和政を支持するという考えは現実的ではなかったといえよう。

日本の「模範」としてのフランス革命

一九三三年頃から一九三七年頃、マルクス主義的立場の経済学者の間で、「日本資本主義論争」と呼ばれる論争がたたかわれた。この「日本資本主義論争」は、一九三二年五月から一九三三年八月に刊行された『日本資本主義発達史講座』によりおこった。この『講座』の執筆者を中心としたグループは「講座派」と呼ばれた。「講座派」は、明治政府下の日本を絶対主義国家と規定し、まずブルジョワ民主主義革命が必要で、その後に、社会主義革命を目指すべきと論じた（「二段階革命論」）。これが共産党の公式の見解となっていった。これにたいし、雑誌『労農』に依った非共産党系のグループは「労農派」と呼ばれた。「労農派」は明治維新をブルジョワ革命、維新後の日本を近代資本主義国家と規定し、次に来るのは社会主義革命であると主張した（「一段階革命論」）。この論争の中で、フランス革命は、双方の側からブルジョワ革命のモデルとして位置づけられていたといえる。

しかし、一九四〇年代の太平洋戦争中は、フランス革命は、世界史像を描く上でほとんど取り上げられることはなかった。アジアにおける日本の「使命」や強さが強調されるときには、他国をモデルとする必要はなかったのであろう。

戦後の日本の民主化の中で、欧米の近代民主主義社会は、今後の日本が辿るべきモデルとしてみなされた。「戦後歴史学」や市民派の学問の基底には、戦争への深い反省があった。天皇制や軍国主義に引きずられ、戦争へと導かれていった戦前の日本と日本人には、古い封建的な体質が残っており、また、個人としての人間が確立していなかったと考えられた。そこで、戦後は、封建的な残滓は廃されなければならないし、個人も近代を担うにふさわしい自律・自立した個人となるべきであるとされた。そのために重要だったのが、近代民主主義社会を作り出したとされるフランス革命であった。

フランス革命の研究において、この立場を代表する研究者が高橋幸八郎である。高橋は、フランス革命は、「民主主義革命の最も典型的なもの」「最も古典的なブルジョワ革命」であると理解されてきたとし、とくに土地所有関係の変化こそが最重要ととらえる。

高橋によれば、革命以前の土地所有は「封建的土地所有」であり、これを「資本主義的な諸関係」へと変化させることが、「本来のブルジョワ革命」の課題である。そのため、「土地問題あるいは農民解放が中心課題」であり、「農民の革命」こそがブルジョワ革命の中核であるとした。さらに、問題を解決する農民解放の方法は、イギリスやフランスのような「下から」の農民解放が重要で、これによって封建的土地所有の要素や絶対主義的な規範は完全に払拭され、さらに、「民主主義革命」としての意義をも持ちうる。これにたいし、プロシャ（プロイセン）の農民解放や日本の明治維新の地租改正のように、「寡頭専制的」に「上から」遂行されたものは民主主義的ではありえず、絶対主義的な要素を払拭できない、とする。

当然、高橋にとって目指すべきものは民主主義的な道であり、「典型的なブルジョワ民主主義革命」

であるフランス革命は目指すべき目標であった。このような理解は、高橋一人にとどまらず、多くの人々が共有していた。そのために、フランス革命は、日本の行く末にとっても重要であると位置づけられたのである。

高橋の後、日本におけるフランス革命研究は、高橋の見方を批判的に継承しつつ、優れた研究者を多く輩出し、日本の西洋史学をリードしてきた。また、フランス革命は、日本の「近代の始点」である明治維新と重ね合わされたことで、日本においてもフランスと同様に、フランス革命は「特別扱い」をされてきたといえるだろう。

しかし、この状況は、フランスと同様に変化する。ただし、フュレら「修正派」の主張は、イデオロギー的な相違や学派の違いがフランス国内のようには問題とならなかったことから、日本では比較的速やかに受け入れられたように思われる。さらに、アナール派や社会史の受容も伴っていたため、表象や政治文化といった新しい歴史の見方も積極的に取り入れられていった。このような研究傾向は、一九九〇年代に入ると、国民形成の際の文化や表象を重視する国民国家論へと流れ込んでいくこととなる。フランス革命は、自由で平等な国民から構成される国民国家を最初に創り出した事例として、その重要性を新たに獲得した。ただし、表象や儀礼、言語、政治文化は、きわめて多様な内容や対象を持つものであり、また、それ自体は目的や将来の像を示すものではない。そのため、フランス革命そのものをかつてのような単一の姿で描くことは難しくなったといえるだろう。

5　歴史の意味づけはさまざまに変わりうる

このように「フランス革命」という普遍的な意味をもつとされる史実についても、その意味づけはさまざまである。今まで見てきたフランス革命が重要と意味づけられる理由は、おおよそ以下の三点だろう。

①　フランス革命は、旧体制を破壊した。

②　フランス革命は自由主義的・民主主義的社会、資本主義社会を作り出した。

③　フランス革命は、プロレタリア革命や社会主義社会のための前提となるブルジョワ革命である。

①については、ほとんどの場合重要と評価される。旧体制の破壊について、ポジティヴにとらえる場合はもちろん、ネガティヴにとらえる場合でも、革命による衝撃の大きさは重視される。また、その変化の大きさや「断絶」の度合いも、社会経済的・政治的・表象的な側面などと論者によってさまざまに評価されるが、フランス革命がひとつの区切りとなっているといえるだろう。

②と③は、①に比べて、立場による評価や意味づけがいっそう顕著となる。

②は、フランス革命は自由主義的・民主主義的社会、資本主義社会を作り出したもので、それが目指すべき目的そのものであると位置づけられているといえるだろう。これはオラールや箕作元八らが

とっている立場である。ただし、オラールは、共和政を高く位置づけるのに対し、箕作元八は君主政を支持しているために、ルイ一六世に対する態度が大きく異なった。

しかし、自由主義的・民主主義的社会、資本主義社会は、実質的には有産階級が中心のものであり、財産のない多くの民衆は不満を持っていた。このような民衆の視点に立てば、平等がより重要なものとなるはずであり、政治的には社会主義という形で現れる。それが、③の「ブルジョワ革命」という意味づけにつながる。フランス革命が生み出した社会はブルジョワ的な社会であり、労働者などの財産のない者の社会を作るためには異なる方法が必要だということとなる。つまり、フランス革命は、次の社会へ到達するための一段階として位置づけられているのである。そして、二〇世紀に入り、実際に社会主義革命を標榜するロシア革命が起こったことで、フランス革命は世界史的にロシア革命の前提として位置づけられた。そして、社会主義の影響力の強かった時期には、フランス革命研究の目的や前提も規定されることとなった。

日本の戦後歴史学もフランス革命を重視した。その際、③のブルジョワ革命の典型としての意味が重要視されたが、それは社会主義実現のためではなく、日本の社会を近代のあるべき姿にするためのモデルとしてであった。フランス革命を意味づける見方は、意味づける側が持っている視角によっても変わるのである。

フュレら「修正派」が批判したのは、このような「特別扱い」そのものだった。しかし、社会主義というものの価値がほとんど感じられなくなり、新自由主義が展開している現在においては、③のような評価は意味をほぼ持たなくなっている。また、「政治文化」などへ対象が多様化し、さらに個別研究の進展によって、フランス革命をひとつの側面だけで描くことは難しくなった。

そこで、②の自由主義的・民主主義的社会、資本主義社会の形成という意義づけが再度重視されるようになり、文化史的観点を取り入れた国民国家論へとつながっていく。国民国家論は、自由で平等な国民から構成される国民国家が近代に創り出されることを強調する。そのような社会を最初に創り出した事例がフランス革命となる。これにより、フランス革命は重要性を新たに獲得したといえるだろう。現在の日本の高校教科書におけるフランス革命の記述で、国民国家が強調されるのは、このような研究の文脈の現れであるといえる。

ただし、表象や儀礼、言語、政治文化は、それ自体は人間が目指すべき目的そのものではなく、また、将来の像を示すものでもない。そして同時に、きわめて多様な対象を持っている。そのため、フランス革命そのものをかつてのような単一の姿で描くことは難しくなったと考えられる。

このように、研究が進展したり、異なった視角から見れば、普遍的に重要だとされるものであっても、その評価は変わっていくのである。

歴史は、事実を羅列することではなく、意味づけられた総体として成り立っている。ここでは、フランス革命を事例として取り上げたが、このようなことは歴史上のほとんどすべてのことがらについてあてはまるといえるだろう。

参考文献

井手文子・柴田三千雄編・解説『箕作元八・滞欧「箙梅日記」』東京大学出版会、一九八四年。

井上清「日本人のフランス革命観」桑原武夫編『フランス革命の研究』岩波書店、一九五九年。

ウォーラーステイン、イマニエル『近代世界システム』全四巻、川北稔訳、名古屋大学出版会、二〇一三年。

ジョレス、ジャン『仏蘭西大革命史』全八巻、村松正俊訳、平凡社、一九三〇〜三一年。

高橋幸八郎『市民革命の構造』御茶の水書房、一九五〇年：増補版一九六六年。

『中江兆民全集』全一七巻・別冊一、岩波書店、一九八三〜八六年。

フュレ、フランソワ『フランス革命を考える』大津真作訳、岩波書店、一九八九年。

前川貞次郎『フランス革命史研究　史学史的研究』創文社、一九八七年（第二刷）。

箕作麟祥『萬國新史』世界史研究所翻刻・編集、世界史研究所、二〇一八年。

箕作元八『フランス大革命史』全二巻、冨山房、一九一九〜二〇年。

山﨑耕一・松浦義弘『フランス革命史の現在』山川出版社、二〇一三年。

山崎耕一「フランス革命史の現在」『歴史評論』八一〇号、二〇一七年一〇月。

ルフェーヴル、ジョルジュ『一七八九年――フランス革命序論』高橋・柴田・遅塚訳、岩波書店、一九七五年（岩波文庫、一九九八年）。

ルフェーヴル、ジョルジュ『革命的群集』二宮宏之訳、岩波文庫、二〇〇七年。

Aulard, A., *The French Revolution. A political history 1789-1804*, translated by Bernard Miall, New York, 1965.

第5章　「歴史の見方」に潜む落とし穴

小谷汪之

1　「西洋中心主義」という落とし穴

史料すなわち過去の痕跡（文字史料、図像・絵画・彫刻などの造形史料、遺物・遺構、等々）そのものは、個々バラバラで、自ら何事かを語るものではない。そのようなものとしての史料に何かを語らせ、一つの意味をもつ歴史を描き出すのが歴史学という営みである。

しかし、過去の痕跡を調べることによって、歴史を描こうとするとき、その出発点において、何らかの「観点」あるいは「仮説」が必要である。それは、一般的に「歴史の見方」と称されるもので、その中には、壮大な世界観・イデオロギーや価値観から、歴史学に固有の諸概念装置、さらには具体的な史料批判《クリティーク》の方法（史料論）まで、さまざまなレヴェルのものが含まれる。

このような「歴史の見方」はすべて先人たちが築き上げて来たものであり、私たちはそれを受け継ぎ、それを前提として、歴史についての考察に進むことになる。

しかし、これらの「歴史の見方」、とくに世界観・イデオロギーや歴史学的諸概念装置は、多くの場合、西洋近代において創り上げられてきたものである。私たちが今継承している明治以降の日本近代歴史学はそれらを「輸入」するところから出発した。そのこと自体はなにも否定されるべきことではないが、西洋近代の生み出した「歴史の見方」は、当然ながら、西洋の経てきた歴史的体験を踏まえて形成されたものである。だから、私たちが、そのような「西洋産」の「歴史の見方」を、異なる歴史的体験を経てきた非西洋諸社会の歴史にそのままあてはめようとするならば、非西洋諸社会に固有の歴史の道筋を無視することになってしまうであろう。そのような「歴史の見方」は「西洋中心主義」Eurocentrism と呼ばれるものであり、そこにはさまざまな落とし穴が潜んでいる。そのことは、「西洋産」の「歴史の見方」だけではなく、それらを「輸入」することをとおして、日本で形成されたさまざまな「歴史の見方」についてもいえることである。

本章では、「西洋中心主義」的な二つの「歴史の見方」を取り上げて、そこに潜む落とし穴を覗いてみようと思う。一つは、「近代化」にかかわる「歴史の見方」であり、もう一つは、「領土」にかかわる「歴史の見方」である（以下、引用文中の〔　〕は筆者による補足、修正等である。また、引用文中の漢字には適宜ルビを補った）。

2　「近代化」にかかわる「歴史の見方」

日本の「近代化」は封建制度の賜物？

戦前の日本を代表する作家のひとりに、島崎藤村（一八七二〜一九四三〔明治五〜昭和一八〕年）という作家がいる。『夜明け前』でよく知られる作家であるが、その「文明論」も高く評価されている（『藤村文明論集』参照）。藤村の文明論を含めて、この時代の「文明論」の中心は、滔々として流入してくる西洋文明に直面して、不可避的に進行する日本の「近代化」とどう向き合うかという問題であった。

島崎藤村は、一九一三（大正二）年五月、四一歳の時に、後に『新生』で告白することになる姪、島崎こま子（次兄広助の娘）とのインセストの秘密から逃れるようにして、「エルネスト・シモン号」でフランスへと旅立った。パリに落ち着いた藤村は東京朝日新聞に「仏蘭西《フランス》だより」を連載、それらは後に、『平和の巴里《パリ》』、『戦争と巴里』などとして刊行された。藤村文明論の中心をなすのはこれらの作品で、そこには、ヨーロッパの新しい文学や音楽に触発されて、日本の文化について振り返って見る藤村の思索の跡が浮き彫りにされている。

一九一四年七月、第一次世界大戦が勃発すると、藤村は南仏リモージュに疎開したが、年末にはパリに戻った。しかし、戦火はなおも続き、一九一六年二月にはヴェルダンの激戦が始まった。そんな状況の中、同年四月、藤村はフランスを去り、イギリス経由で帰国の途に就いた。ロンドンで藤村が乗船した「熱田丸」は、ドイツの潜水艦による攻撃が懸念される地中海（スエズ運河）航路を避け、大西洋航路で南アフリカのケープタウンに向かった。その後、「熱田丸」はダーバンで石炭や水などを補給して、インド洋を横断、コロンボ（スリランカ）に立ち寄ることなく、シンガポールに直行した。その長途の船上で、藤村はこれらの港がすべてイギリスの領土であることに思いを致し、よくも長崎や神戸はこれらの港のようになってしまわなかったものだという感慨にとらわれた。ヨーロッパへの往路と日本への帰路の船旅の記録『海へ』の中で、藤村は次のように書いている。

僕はこんな風にも考える。印度や埃及《エジプト》や土耳古《トルコ》あたりには古代と近代としか無い、と言った人の説には全く賛成だ。幸いにも僕等の国には中世があった。封建時代があった。長崎が新嘉坡《シンガポール》に成らなかったばかりじゃない、僕等の国が今日あるのは封建時代の賜物じゃないかと思うよ（『海へ』一四五頁）。

あの「黒船」が幾艘となくこの島国の近海に出没した時代のことを振返って見ると、〔中略〕よくそれでもあの暗黒な時代にあって、吾儕《われわれ》の先祖が迫り来る恐怖を切抜けたものだという気もする。幸いにしてわが長崎は新嘉坡たることを免れたのだ。〔中略〕その理由を辿って見ると種々なことが有ろうけれども、私はその主なるものとして吾国が封建制度の下にあったことを考えて見たい。実際吾国の今日あるは封建制度の賜物であるとも言いたい。〔中略〕吾儕の国が印度でもなく支那でもないのは、ああいう時代を所有したからではないか。今日の日本の文明とは、要するに吾国の封建制度が遺して置いて行ってくれたものの近代化ではないか（同、二〇六頁）。

明治も末年に近くなると、日本は幕末・維新期以来の国家的・民族的危機をついに乗り越えることができたと安堵の思いを持った人々がたくさんいたであろう。そういう人々の中には、それでは、何故日本は国家・民族の独立を保つことができたのかという問いに向かい合おうとした人たちがいた。藤村もその一人で、彼はそれを「封建時代の賜物」と理解したのである（詳しくは、拙著『歴史と人間について』参照）。しかし、このような「歴史の見方」は藤村に独自のものというわけではなく、当時かなり広く見られたものである。たとえば、戦前日本の代表的な経済学者、福田徳三（一八七四～一九三〇（明治七～昭和五）年）も同様の「歴史の見方」を示している。

図５－１　黒船（ペリー艦隊の旗艦サスケハナ号，1853年）

所蔵：神奈川県立歴史博物館。

福田は一九〇三（明治三六）年に書いた論文の中で、日本の歴史は封建制度を経て、概ね西洋諸国と同じような道筋を辿って来たのにたいして、朝鮮の歴史は封建制度以前の段階で止まってしまったという歴史認識を示している。いいかえれば、封建制度の存在と不在に日本と朝鮮の歴史の分岐点を求めたのである。そのうえで、福田は近代における朝鮮の衰亡の原因は何かという問いを立てて、次のようにいっている。

今此の〔朝鮮衰亡の〕根本の原因を求め斬《もと》めて、余は之を「封建制度の存在せざること」に得たり。韓国は真正なる意義に於いて未だ「国」を為《な》さず。而して又「国民経済」を有せず。之が類例を他国に求るに、我邦にありては鎌倉幕府発生以前、殊に藤原時代……に比すべきか。〔中略〕韓国は遂に封建的教育を受くるの命運を有せざりき。〔中略〕余は曾て我邦に就いて之れが立論を試み、我邦の今日ある所以《ゆえん》は鎌倉幕府の封建時代と徳川幕府の警察国家時代との二期の厳正にして周到なる修練教育の時代の賜物にして、永く藤原時代の継続せしならんには、遂に命運を韓国と同《おなじゅ》うせざる可からざるに至りしものなるの理を実證するに勉めたり。〔中略〕一見甚だ解釈に苦しむ韓国の社会組織は此に封建制度の欠如なる答案を得て、その真相を得るに庶幾《ちか》からんとす（小谷「福田徳三とアジア」四〇頁）。

藤村が福田の論文を読んでいたなどということはないだろうが、当時同じような「歴史の見方」がかなり広く見られ、藤村も福田もそれを共有していたのである。

この「歴史の見方」は、封建制度から資本主義への発展すなわち「近代化」という西洋における歴史的体験を歴史発展の「王道」とみなし、それとの近似性が、日本の歴史を他のアジア諸国の歴史とは異なる軌道に導いたとする。その意味で、この「歴史の見方」はまさに「西洋中心主義」そのものであるが、西洋＝先進、アジア＝後進という価値的二分法における日本の位置を、西洋＝先進に近づける「歴史の見方」として、国家的・民族的危機を乗り越えええたと感じていた当時の日本人の自己満足的な気分にマッチするものだったのであろう。

ただし、日本の歴史における封建制度と「近代化」との関係に関するこのような考え方は、欧米の研究者の間にも見られたものである。マックス・ウェーバーは『ヒンドゥー教と仏教』（一九二一年）の中で、幕藩体制下の知行関係について、次のようにのべている。

封建日本の状態は、中国の封建的分立国家の時代に大体似ているが、〔中略〕日本では非軍事的な文人階層ではなく、職業的戦士階層が社会的に最も有力であった〔後略〕。

侍のタイプの一階層が決定的な役割を演じた国民は〔中略〕みずから合理的な経済倫理を身につけることはできなかった。それにもかかわらず、知行関係《レーエン》は、解約可能の強固な契約的法律関係をつくりだすのであって、この知行関係が、〔中略〕語の西洋的意味における「個人主義」に対してはるかに有利な基盤を提供した。日本は資本主義の精神をみずから作り出すことはできなかったとしても、比較的容易に資本主義を外からの完成品として受け取ることができた（深沢訳『ヒンドゥー教と仏教』三八一〜三八二頁）。

日本においては、封建制度（レーエン的知行関係）の存在が資本主義を「外からの完成品として」受容するための条件を用意していたというわけである。

戦後になると、これと同類の「歴史の見方」が、日本の外から日本社会に「進出」して、影響を及ぼした。一九六〇年代前半の日本で広く流行した「近代化論」の論客、エドウィン・O・ライシャワーは、封建制度をヨーロッパと日本だけに見られた「まれな現象」であるとして、次のようにのべている。

そこで、西洋の封建制度が、かつてもっとも完全に確立された西ヨーロッパに目を転じてみますと、いわゆる「近代化」という大きな変革が、知的な面や制度的な面、かつ技術的な面において起こっています。

また、ヨーロッパ以外に完全な封建制度を経験したもう一つの地域――すなわち日本――について見ますと、それが西洋の近代化の刺激に対して急速に反応して、大きな成功を収めることのできた、唯一の非西洋地域であることがわかります。近代化にともなって西洋が得た新たな力に対して、十九世紀のほかの非西洋地域が無関心であったり、挫折感に襲われたりしているなかで、ひとり日本だけは、すみやかに、しかも比較的容易に西洋のあとに続いて、近代の一大変革を達成したのです（『日本近代の新しい見方』三一頁）。

ライシャワーは、一九六〇年の日米安全保障条約改定をめぐって、日本で民族主義的反米感情が高揚する中、ケネディ大統領によって駐日大使に任命された。歴史家でもあるライシャワーは、見られるように、日本の歴史を、封建制度を経験することによって「近代化」に成功した非西洋世界で唯一の例として称揚した。封建制度や「近代化」という概念を使って、日本の近代を西洋の歴史と親和的な「成功の物語」として描き出そうとしたのである。それは、アジア・太平洋戦争（日本にとっての第二次世界大戦）における敗戦を契機として、日本の後進性という自意識にさいなまれていた日本人にたいして、日本は西洋と同じ歴史過程を辿った国として、西洋と対等だという自信を持っていいのだと語りかけるものであった。そのことが、ひいては、高揚した民族主義的反米感情をなだめる効果をもつであろうというのがライシャワーの思惑だったと思われる。

このように、「歴史の見方」は、しばしば、政治的思惑という落とし穴を潜めているのである。

「近代化」の経済史的過程

封建制度から資本主義への発展すなわち「近代化」という「歴史の見方」は、経済史的には、封建的土地所有関係の解体の中から資本主義的生産関係が形成されていった、とする「歴史の見方」である。領主的土地所有（土地領有）と農民的土地占有の重層を基本とする封建的土地所有関係の解体を通して、少数の資本家的借地農経営者階層と無数の土地を失った農民すなわちプロレタリアート階層が形成される、それが「近代化」の経済史的過程だというわけである。

この「歴史の見方」に立つとき、土地制度史（土地所有関係史）の研究が決定的に重要となる。一九六〇年代頃までの日本史研究において、土地制度史研究が主流的位置を占めていたのはそのためである。この「歴史の見方」は日本史研究だけではなく、他の非西洋社会の研究にも強い影響力を及ぼし、非西洋諸社会の歴史を研究する際にも、当該社会における土地制度に焦点を据える傾向がきわめて強かった。

このような傾向はインド史研究の分野でも見られた。松井透・山崎利男編『インド史における土地制度と権力構造』（東京大学出版会、一九六九年）、松井透編『インド土地制度史研究』（東京大学出版会、一九七一年）といった本はそのことを示している。一九六〇年代半ばに私がインド史研究を始めたとき、私もやはり土地制度史という「歴史の見方」に立って、インドの歴史を考察しようとしていた（私自身、前記の二編著に寄稿している）。土地制度史という「歴史の見方」は、いわば、その時代の歴史学の呪縛のようなものとして、私自身をも拘束していたのである。

しかし、インド亜大陸中央部のマハーラーシュトラ地方（マラーティー語を母語とするマラーターの人々が住む地方）を主たる対象として、一六～一八世紀のマラーティー語原史料を読み進めていく過程で、土地制度史という「歴史の見方」にしだいに違和感を持つようになっていった。それは、大量に残されているマラーティー語の公私文書の中に、土地所有そのものに関する文書、たとえば土地売買文書、土地紛争文書といったものがほとんどまったくないということに気づいたからである。土地所有が土台となっている社会でこのようなことがありうるだろうかというのが私の抱いた疑問であった（以下の記述について、より詳しくは、拙著『インドの中世社会』参照）。

そこで、土地制度史という「歴史の見方」を一応棚上げにしておいて、原史料を改めて見直してみると、売買の対象や紛争の種になっていたのが、多くの場合、ワタン vatan と称されるさまざまな世襲的権益であることに気づいた。一六〜一八世紀マハーラーシュトラの社会は村落共同体を基礎単位とし、そのうえに五〇カ村前後の村々を束ねた地域共同体が存在するという、重層的な構造を持っていた。ワタンというのは、これらの村落共同体と地域共同体において、世襲的にさまざまな共同体的職務に従事し、それに附随する取り分を得る世襲的な権益のことである。

この村落共同体―地域共同体という重層的な地縁的共同体によって構成される地域社会の基本的な構成員は各種のワタン所有者（ワタンダール）たちであった。村落共同体は、村長ワタン、村書記ワタンといったワタンを持つ村役人、農民ワタンを持つワタンダール農民、村大工ワタン、村鍛冶屋ワタンといったワタンを持つワタンダール村職人などから構成されていた。他方、地域共同体には郷主（デーシュムク）と呼ばれる首長と郷書記（デーシュパーンデー）と呼ばれる書記が存在して、地域社会を代表していた。彼らはそれぞれ郷主ワタン、郷書記ワタンというワタンを持つワタンダールであった。

郷主ワタン、村長ワタンなどのような実入りのいいワタンはしばしば売買された。そのうち、最も例の多いのは村長ワタンの売買であった。村請の税の支払いに困った村長が自分の村長ワタンの半分を他の者に売却して、税を支払うというケースがしばしばあったからである。その場合、村長の職務はもともとの村長が行い、村長ワタンの半分を購入した者は村長ワタン取り分の半分を取るというのが一般的であった。村長ワタンの購入者には、商人・高利貸などが見られるが、マラーター王国の王が村長ワタンを購入するということもあった。村長ワタン取り分を臣下や親族に褒賞や生計の資として与えるのが目的であった。このことは、当時資産としての価値を持っていたのが土地そのものではなく、ワタンであったということを示している。したがって、これらのワタンの売買文書が多数残されているのである。

この時代のマハーラーシュトラの社会では、飢饉、疫病、戦乱などで、農民の家族が全滅するということがしばしばあった。その場合、絶滅した農民家族のワタンは村落共同体が所有・管理し、希望する者に売却したり、無償で譲渡したりした。農民ワタンを購入したり、譲渡されたりした者は、ワタンダール農民として、その村の正規の構成員となった。農民ワタンは、「もの」としての面から見た場合には、耕地と宅地から成っていたから、農民ワタンの売買や譲渡の際には、絶滅した農民家族の耕地と宅地は新しいワタンダール農民の手に移ることになる。そのため、一見、土地売却あるいは土地譲渡のように見えるが、そうではなく、あくまでも農民ワタンの売却あるいは譲渡なのである。農民ワタンの売買文書や譲渡文書も多数存在する。

私は、これらのことから、一六〜一八世紀マハーラーシュトラの社会は、土地所有ではなく、ワタンの所有を土台とする社会だったのではないかと考えるようになっていった。

その際に手掛かりになったのは日本中世史における「職《しき》の体系」論といわれる「歴史の見方」であった。日本中世荘園公領制社会では、上は本所・領家の職から、中間に公文など荘官の職を介して、下は名主職、作職、下作職といった農民的職まで、多数の職が成立していった。これらの職の所有者は世襲的にそれぞれの職務を遂行することによって、荘園公領制下に生みだされる収益の一部を収取する世襲的権利を保有していた。しかも、多くの職は職務から切り離されて、単なる収益の収取権として売買されるようになっていった（永原『日本の中世社会』参照）。これらの点において、ワタンと職は類似する性格を持っていた。

この「職の体系」論という「歴史の見方」を手掛かりとして、私は土地制度史という「歴史の見方」を放棄し、ワタンの所有関係から一六〜一八世紀マハーラーシュトラの社会を理解するという「歴史の見方」に立つことにしたのである。

この「歴史の見方」に立つならば、「近代化」の経済史的過程とは、ワタンの所有を土台とする社会の解体ということになる。より具体的に言えば、イギリス植民地支配下に、さまざまなワタンが次々と政策的に廃止されていき、最終的には、ワタンの所有関係という社会の土台そのものが解体されていくというのが「近代化」の経済史的過程なのである（この点について詳しくは、拙著『インド社会・文化史論』参照）。

このように、「近代化」の経済史的過程は、国により地域により、さまざまに異なる。それにもかかわらず、土地制度史という「歴史の見方」に立って、「近代化」の経済史的過程を一律に封建的土地所有の解体過程とみなすならば、それぞれの国や地域の歴史的個性を無視する「西洋中心主義」の落とし穴に落ちることになってしまうであろう。

3　「領土」にかかわる「歴史の見方」

「固有の領土」――日本政府の「定義」

尖閣諸島、竹島、北方四島（択捉島、国後島、色丹島、歯舞群島）をめぐる領土問題が尖鋭化するたびに、日本政府によって決まったように持ち出されるのが「固有の領土」という言葉である。たとえば、「竹島は日本の固有の領土である」といったように。

それでは、日本政府のいう「固有の領土」とはいったい何を意味するのか？

二〇〇六年、鈴木宗男衆議院議員が提出した質問主意書に対する当時の小泉純一郎内閣総理大臣の答弁書（一一月四日）には、「固有の領土」が次のように「定義」されている。

> 政府としては、一般的に、一度も他の国の領土になったことがない領土という意味で、「固有の領土」という表現を用いている。

この「定義」は、日本語の文章として、どうにも訳のわからないものである。地球上に、「一度も他の国の領土になったことがない」土地があったなら、それはすべて日本の「固有の領土」だということなのであろうか。いくら日本政府でもそう言いたいわけではないだろう。そうなると、この「定義」はいったい何を意味しているのか。おそらく、日本政府が日本の領土とみなしている土地で、

「一度も他の国の領土になったことがない」土地は日本の「固有の領土」であると言いたいのではないかと思われる。しかし、そうとすると、日本政府が日本の領土とみなしている土地であっても、日本の「固有の領土」ではない土地が存在するということになるであろう。たとえば、少なくとも一六〇九年の薩摩藩による武力侵攻まで、琉球王国が独立国として統治していた沖縄は、そういう意味では、日本の「固有の領土」ではないということにならざるをえない。それでは、アイヌなどの人々が長く生活してきた北方四島の場合はどういうことになるのだろうか。アイヌなどの人々は国家を形成していなかったから、北方四島は「一度も他の国の領土になったことがない」と日本政府は言いたいのだろうか。しかし、アイヌなどの人々が形成していた政体 polity を国家ではないとする根拠は何であろうか（これは、後で出てくる「先占の法理」にもかかわることである）。日本政府のいう「固有の領土」という概念は考えれば考えるほど訳がわからなくなってくる。

領土の概念は時代によって異なる

しかし、この「固有の領土」の「定義」にかかわる、より本質的な問題点は、領土という概念そのものである。

日本政府の「固有の領土」という概念は、西欧諸国を中心とする主権国家群によって形成された近代世界における領土という概念を超歴史的な普遍的概念とみなして、それをあらゆる歴史段階にそのまま適用しようとする考え方に立っている。近代主権国家における領土という概念は絶対的に排他的な国家主権の範囲を意味しているが、近代以前の世界では、そうではなかった。近代以前には、排他的ではない領土もさまざまな形で存在していたのである。領土という概念は歴史的に大きく変化してきたのであり、近代主権国家体制下における領土の概念を超歴史的に普遍的なものと見なすことはできない。

一九世紀の世界においてさえ、国家主権とか領土主権という概念は必ずしも排他的なものではなかった。たとえば、江戸時代の末期、一八五五年に日本とロシアとの間に締結された日露和親条約の第二条では、千島列島における日本とロシアの国境を択捉《エトロフ》島とウルップ（得撫）島の間とするとしたうえで、カラフト（樺太）島については、次のように規定している。

「カラフト」島に至りては、日本国と魯西亞《ロシア》国との間に於て、界を分たず、是《これ》までの仕来通《しきたりどおり》たるべし。

すなわち、カラフト島を日露両国で分割して、それぞれの排他的領土とするのではなく、両国の人々がこれまで通り混じりあって生活することのできる土地とする、ということである。前近代の世界においては、二つの国が互いに排他的領土主権を主張しない領土が存在したのであるが、カラフト島のように、そのような体制が一九世紀になってもなお維持されている場合もあったのである。

この場合のカラフトを、日本政府の「固有の領土」の「定義」にいうところの、「一度も他の国の領土になったことがない」土地などということはできない。カラフト島にたいする領土主権は存在しないのではなく、それが排他的ではなく、両属的だったというだけである。

しかしながら、西欧諸国の主導のもと、主権国家群からなる近代世界が形成されていくにつれて、このような排他的ではない領土はしだいに消滅していき、地球上のあらゆる土地がいずれかの主権国家の領土として排他的に区切られていくようになった。カラフト島についていえば、一八七五（明治八年）の樺太・千島交換条約によって、カラフト島はロシア領、千島列島全島は日本領と定められた。こうして、カラフト島に関しては、ロシアの排他的領土主権が確立されたのである。

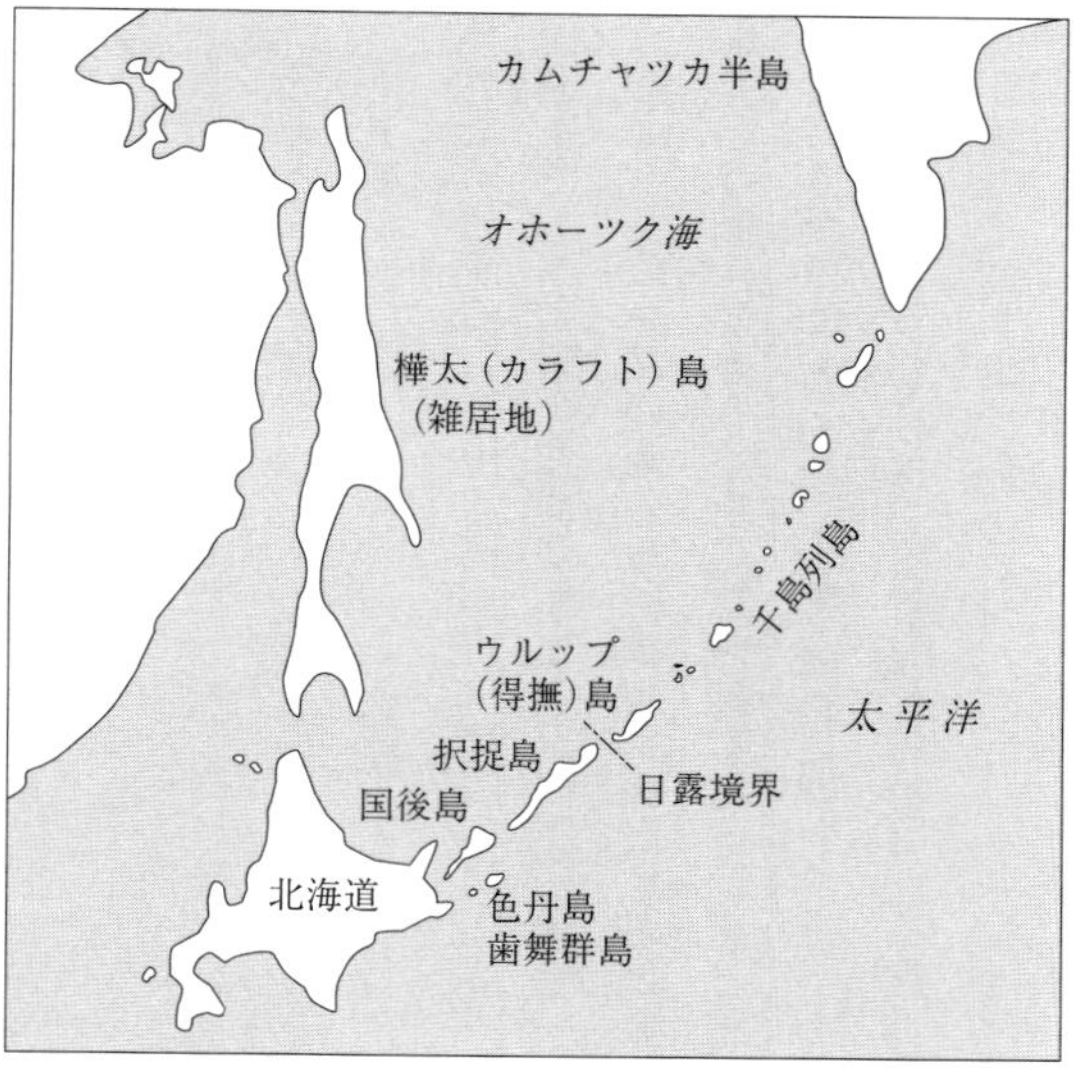

図５－２　カラフト（樺太）と千島列島（日露和親条約，1855年）

このようなものとしての近代世界に生きている私たちにとって、領土という概念は歴史上常に排他的国家主権の範囲を意味してきたと考えられやすい。しかし、そこに領土という概念に潜む落とし穴が存在する。領土という概念が歴史と共に変化してきたものであることに注意しないと、この落とし穴に落ちることになってしまうであろう。

日本政府が「固有の領土」などという虚言を弄んでいるのはその表れで、このような領土に関する非歴史的な見方が領土問題の解決を難しくしているのである。

先占と実効支配

小泉答弁書には、もう一つの問題が含まれている。それは、いわゆる「先占の法理」と「実効支配」という概念にかかわる問題である。小泉答弁書では、竹島と北方四島をめぐっては「領土問題」が存在するが、「尖閣諸島をめぐる領土問題は存在していない」とされている。それでは、竹島・北方四島と尖閣諸島の間の違いは何に起因するとされているのであろうか。そこで出てくるのが実効支配という概念である。小泉答弁書では、竹島と北方四島については「我が国固有の領土である」とされているだけであるが、尖閣諸島に関しては、「我が国固有の領土であり、現に我が国はこれを有効に支配している」となっている。竹島と北方四島に関しては、日本の「固有の領土」であっても、日本が実効支配しえているわけではないので、「領土問題」が存在するが、尖閣諸島については、日本の「固有の領土」であるだけではなく、日本が現に実効支配しているのであるから、「領土問題」は存在しないというわけである。

国際法上、この実効支配に先立つのが先占 occupasio である。先占、すなわち「無主の地」(terra nullius) を他国に先駆けて占取した国はその土地に対する領土主権を主張することができるという国際法上の法理は、一六世紀以降、西欧諸国による世界中の領土分割が進行していく中で次第に形成されてきたものであるが、それが確立されたのは一八八四年から八五年にかけて開催された、西アフリカ問題にかんするベルリン会議においてであった。このベルリン会議で採択された「一般議定書」（一八八五年二月二六日）の第六章「アフリカ大陸沿岸部での新たな占領が有効とみなされるための根本条件に関する宣言」では、新たな土地を領有しようとする締約国は、①その旨を他の締約国に通告すること（第三四条）、および②新たに領有した土地における諸権利などを守る権威を確立すること（第三五条）、が義務づけられている（『世界史史料8』二七五〜二七六頁）。「無主の地」を領有するには先占の通告とその後における実効支配 effective control が必要だというわけである。この「一般議定書」の締約国は英、米、独、仏、オーストリア、ベルギー、ポルトガルなど欧米一三カ国とオスマン帝国であるが、要するに、これらの国々、とくに西欧列強が円滑にアフリカを分割するためのルールを作ったということである。この場合、「無主の地」というのはまったく人が住んでいない土地ということではない。人がたくさん住んでいても、西欧列強が国家と認めるような国家が存在しない土地は「無主の地」とみなされたのである。当時アフリカには数多くの国家が存在し、その下で多くの人々が生活していたのであるが、西欧諸国はそれらを国家と認めず、したがってアフリカは「無主の地」であるとしたのである（前述のように、日本政府は北方四島をこのようなものとしての「無主の地」だったとみなしているのではないかと思われる）。

尖閣諸島はどのようにして日本の「領土」になったのか

今日、日本政府が尖閣諸島の領有権を主張する根拠もこの先占の法理と実効支配という概念である。明治政府は一八九五（明治二八）年一月一四日、尖閣諸島の沖縄県編入と国標建設を閣議決定した。今日の日本政府はこれをもって尖閣諸島の領有権を主張しているのであるが、この点について、外務省の「尖閣諸島に関するQ＆A」（外務省ホームページ）では「この行為は、国際法上、正当に領有権を取得するためのやり方に合致しています（先占の法理）」と書かれている。しかし、当時この件について日本政府が諸外国に通告するということは行われておらず、実際に国標を設置するということも行われなかった（国標が実際に設置されたのは、はるかに後、中国などとの間に尖閣諸島領有に関して紛争が起こり始めた一九六九年である）。したがって、仮に先占の法理が今日なお有効だとしても、日本政府の一八九五年一月一四日の閣議決定が先占の事実を構成するかどうかきわめて疑わしい。

しかも、この閣議決定をした時期が問題である。その前後の歴史過程を辿れば、次のようになる。

一八六八年（明治一）年　明治維新。

一八七一年　廃藩置県。

一八七二年九月一四日　日本政府、琉球藩を設置。

一八七九年四月四日　日本政府、琉球藩を廃して、沖縄県を設置。五月二〇日　中国（清国）沖縄県設置は不承認と日本政府に抗議。

一八八四（明治一七）年　福岡出身で、那覇で海産物商「古賀商店」を経営する古賀辰四郎、尖閣諸島に探検調査団を派遣。

一八八五年　古賀辰四郎、沖縄県に対して、尖閣諸島の借用願を提出。沖縄県、内務省に問い合わせ。内務省、沖縄県に調査を命令。一〇月九日　沖縄県からの報告を受け、内務卿山形有朋、外務卿井上馨に、尖閣諸島清国所属の証拠はないと報告。一〇月二一日　井上外務卿、清国の疑惑を招くとして、尖閣諸島の開発や国標設置に反対。結局、古賀辰四郎の尖閣諸島借用願は、尖閣諸島の主権帰属が明確でないという理由で保留となる。

一八九四（明治二七）年八月一日　日本、清国に宣戦布告、日清戦争始まる。

一八九五年一月一四日　日本政府、尖閣諸島の沖縄県編入と国標設置を閣議決定。四月一七日　下関条約で日清戦争終結。

一八九六年　尖閣諸島四島（魚釣島、久場島、南小島、北小島）、古賀辰四郎に三〇年間の無償貸与決定。

この歴史過程からわかるように、日本政府自身、日清戦争以前には、尖閣諸島の領土主権の帰属は不明確と認識していた。しかし、一八九五年初め、日清戦争における日本の優勢が決定的になってきた段階に至って、尖閣諸島の沖縄県編入の閣議決定を行ったのである。それは、この戦況ならば、清国もこの閣議決定に異議を唱えることはできないであろうという見通しのうえに立ってのことであっ

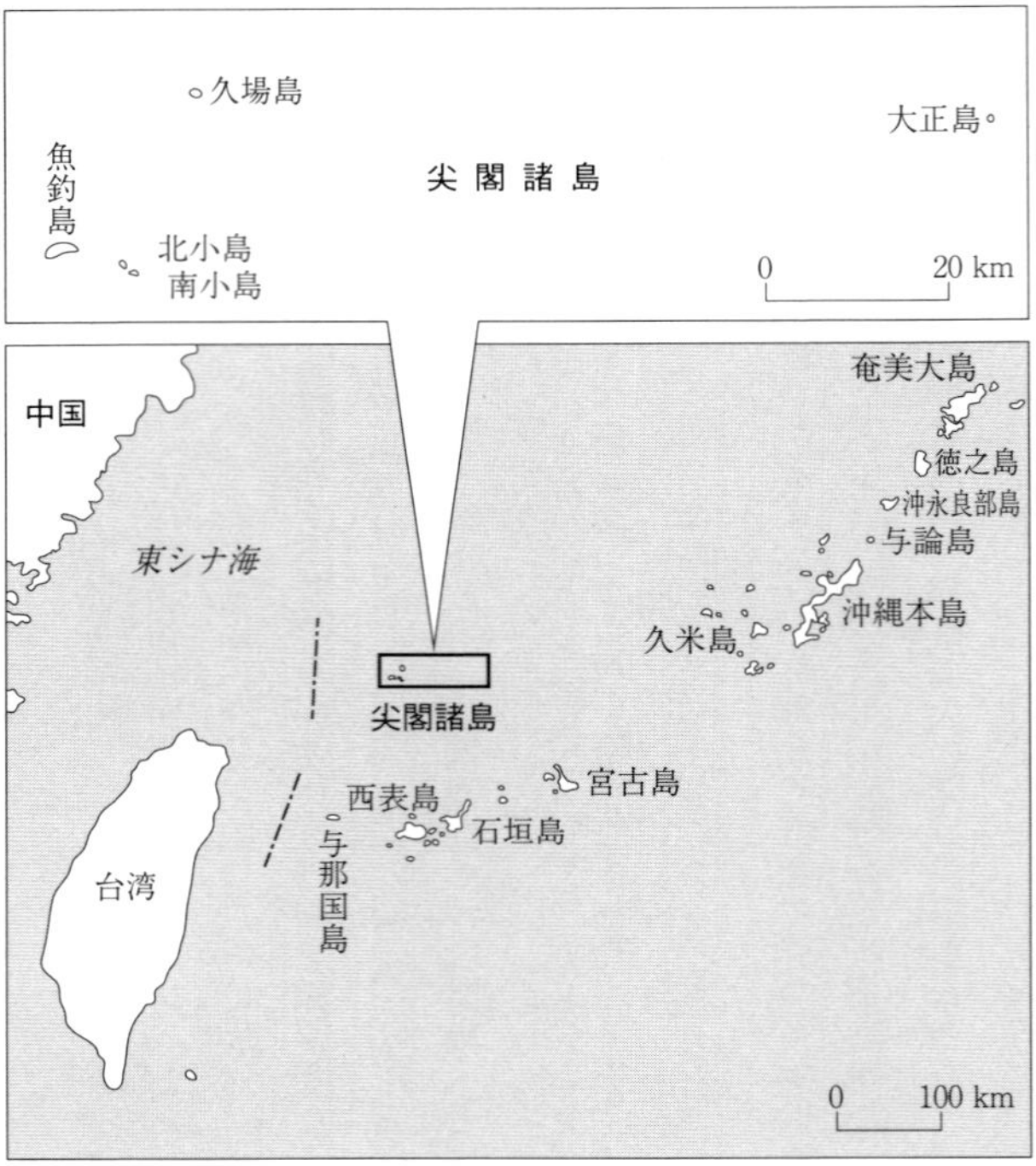

図５－３　尖閣諸島

出典：豊下楢彦『「尖閣問題」とは何か』により作成。

た。

これが、「無主の地」であった尖閣諸島を、先占の法理によって日本が合法的に領土化したと日本政府のいうことの内実なのである。このことは、先占の法理がまさに帝国主義的強国の「強盗の論理」に他ならないことを明示している。

先占の法理は、少なくとも今日の国際関係ではそのまま承認されうるものではない。というよりも、先占という帝国主義的「強盗の論理」は今日認められてはならないものである。したがって、問題は、先占の法理が「国際」的に――ということは帝国主義列強の間でということに過ぎないが――承認されていた時代において、先占によって領土を取得したという「事実」は今日なお有効性をもち続けるのかどうかということである。日本政府の一八九五年一月一四日の閣議決定（尖閣諸島の沖縄県編入）がたとえ先占の事実を構成するとしても、その先にはこのような問題が存在するのである。

しかも、このような日本政府の立場は、奇妙な事態を引き起こす。先にのべたように、日本政府の「固有の領土」の定義によれば、琉球王国が独立国として長く統治した沖縄は日本の「固有の領土」ではないということになるはずである。ところが、尖閣諸島は、一八九五年に「無主の地」を先占の法理によって日本の領土に編入し、その後も実効支配をつづけた地であるから、日本の「固有の領土」であると日本政府は主張する。とすると、「固有の領土」ではない沖縄県の南端に、「固有の領土」が存在するということになる。これはいささか奇妙な話ではないだろうか。

領有権（領土主権）と土地所有権

尖閣諸島については、もう一つ問題がある。それは領有権（領土主権）と土地所有権の関係に関する問題である。

二〇一二年九月、日本政府（当時の民主党野田政権）は尖閣諸島を構成する五島のうち、魚釣島、南小島、北小島の三島の土地所有権を二〇億五〇〇〇万円で地権者（地主）から購入した。それまでの経緯は次の通りである。

一八九五年、明治政府がこれら三島を含む五島を沖縄県に編入して、日本の領土とみなしたことにより、これらの島々の土地はすべて国有地ということになった。一九三二年、当時の日本政府は上記の三島および久場島の国有地を、古賀辰四郎の子息、善次に一万五〇〇〇円（当時）で払い下げた。これにより、これら四島のすべての土地は古賀家の私有地となったのである。この状態は太平洋戦争における日本の敗戦、アメリカによる沖縄占領統治を通して変わらなかった。しかし、沖縄の日本返還（一九七二年）後になって、久場島を除く三島の土地所有権は古賀家から、二度に分けて、栗原国起に譲渡された。それを、二〇一二年、日本政府が購入して、改めて国有地としたのである。それは、これら三島の私有地を中国人が買得するような事態が起こることを恐れたからだといわれる。

これを日本のメディアは「尖閣諸島の国有化」と報じたが、これは誤解を招きやすい表現であった。第一に、「国有化」という言葉によって、尖閣諸島に対する領有権（領土主権）を日本政府が取得したかのような印象を内外に与えた点である。実際には、尖閣諸島のうちの三島の土地所有権を購入して、国有地としたのであるが、「国有化」という言葉によって、その点が曖昧にされ、あたかも尖閣三島に対する領有権（領土主権）が取得されたかのように受け取られたのである。第二に、尖閣五島のうち、大正島はもともとすべて国有地であるから、改めて国有地にする必要はなかったし、久場島は在日米軍の射爆場とされていることから国有地とされなかった（そのために、久場島の地主には、防衛庁から賃貸借料が支払われ続けている）。この点が曖昧にされて、尖閣諸島全体が「国有化」されたような印象を与えた点である。

それでは、中国側は「尖閣諸島の国有化」をどのような事態として受け取ったのであろうか。この点について私は十分な知識を持たないのであるが、中国史研究者である奥村哲氏の見解によれば、次のようなことのようである。すなわち、現在の中国では土地はすべて国有(名目的には集団所有)で、国民は土地に対する使用権をもつだけである。この土地使用権は私的土地所有権ではないだけではなく、国家による土地収用に対抗する法的権利も与えられていない。したがって、今日の中国では、領有権と土地所有権との概念的区別が実質上存在しないに等しい。このような状況において、日本政府による「尖閣諸島の国有化」という言葉を聞けば、日本が尖閣諸島の領有権を主張しようとしていると受け取られても不思議はないであろう。「尖閣諸島の国有化」という言葉は、中国側には、単なる土地所有権の移動としてではなく、領土主権(領有権)の問題、すなわち領土問題と受け取られやすかったのである。「尖閣諸島の国有化」を契機として、中国で激しい反日行動が起こったのは、そのためであった。

いずれにしろ、領土主権(領有権)と土地所有権の混同が尖閣諸島をめぐる問題を一層混乱させてしまったということができるであろう。

4 「西洋中心主義」の落とし穴から脱出するために

本章で取り上げた「近代化」にかかわる「歴史の見方」と「領土」にかかわる「歴史の見方」は、

いずれも西洋の歴史的体験に根差した「歴史の見方」である。これらの「歴史の見方」が日本の歴史学の中に入り込み、私たちを拘束してきたのは、日本の近代歴史学が西洋近代の歴史学を「輸入」するところから出発したものであることを考えると、やむをえない面がある。歴史という迷路あるいは暗闇の中に一筋の道を追い求めていく出発点においては、たとえ「西洋産」であっても、何らかの「歴史の見方」が不可欠だったからである。

しかし、これらの「歴史の見方」によっていつまでも拘束され続けていたのでは、「西洋中心主義」の落とし穴から脱け出すことはできない。このような「歴史の見方」を越えて、非西洋諸社会の歴史の固有性をも捉えることのできる「歴史の見方」を模索することが私たちに課せられた課題なのである。

そのような道を模索するに際して、手掛かりとなるのは、やはり、歴史学の土台としての史料である。史料そのものの中に沈潜して、そこに貫徹している論理を把握する実証的努力を積み重ねること、そのような努力の先に、「西洋中心主義」を越えた新たな「歴史の見方」が生まれてくるであろう。その新たな「歴史の見方」も一つの「仮説」なのであるが、それでも、史料に密着した「仮説」として、「西洋中心主義」のような理念的な「歴史の見方」よりは大きな有効性をもつであろう。そして、この新しい「歴史の見方」に立って、さらに実証的な研究が進められていくことになる。「歴史の見方」と「歴史学的実証」との間では、このような相互作用がくりかえされていくのである。

一六～一八世紀マハーラーシュトラの社会をワタンの所有関係によってとらえようとする「歴史の

見方」も、その意味では、一つの「仮説」である。しかし、この「歴史の見方」に立って、さらに史料を読み進めていくとき、この「歴史の見方」に確信を深めていくことになるのか、あるいは、別のさらに新しい「歴史の見方」に導かれることになるのか、その分かれ道が見えてくるはずである。

領土という問題についても、近代主権国家体制下に私たちが慣れ親しんできた領土の概念を一度棚上げにしてみて、まったく異なる領土概念の中に生きていた人々の存在に想像力を及ぼすならば、今日のさまざまな領土問題が異なる相貌をもって見えてくるであろう。私たち自身の領土にかかわる「歴史の見方」を「歴史化」すること、それが領土問題解決への前提条件となるであろう。

参考文献

新崎盛輝他『「領土問題」の論じ方』岩波ブックレット、二〇一三年。

ウェーバー、マックス『ヒンドゥー教と仏教　世界諸宗教の経済倫理Ⅱ』深沢宏訳、東洋経済新報社、二〇〇二年。

栗原弘行『尖閣諸島売ります』廣済堂出版、二〇一二年。

小谷汪之『インドの中世社会——村・カースト・領主』岩波書店、一九八九年。

小谷汪之『歴史と人間について——藤村と近代日本』東京大学出版会、一九九一年。

小谷汪之『インド社会・文化史論——「伝統」社会から植民地的近代へ』明石書店、二〇一〇年。

小谷汪之「福田徳三とアジア」『思想』一〇四三号、二〇一一年三月。

島崎藤村『海へ』新潮文庫、一九五五年（初版、実業之日本社、一九一八年）。

島崎藤村（十川信介編）『藤村文明論集』岩波文庫、一九八八年。

豊下楢彦『「尖閣問題」とは何か』岩波現代文庫、二〇一二年。

永原慶二『日本の中世社会』岩波書店、一九六八年。

ライシャワー、エドウィン・O『日本近代の新しい見方』講談社現代新書、一九六五年。

歴史学研究会編『世界史史料8』岩波書店、二〇〇九年。

「特集　尖閣問題」『世界』二〇一二年一一月号。

「特集　尖閣・竹島・北方領土」『現代思想』二〇一二年一二月号。

「特集　区切って領有するということ――領土問題への歴史学的アプローチ」『メトロポリタン史学』第一〇号、二〇一四年。

第Ⅱ部　歴史を教え学び、考える

第6章　「歴史的に考える」ことの学び方・教え方

日高智彦

1　初めて「歴史」に出会うとき

人は、自分が直接に経験していない過去からも学ぶことができる。この能力によって、生物としての「弱さ」を補いながら、社会を発展させてきた。ここで言う「自分が直接に経験していない過去」(「経験の外側の過去」)を、「歴史」と呼ぶことにしよう。では、人は生まれてから、いつ頃に「歴史」を認識するようになるのだろうか。

発育や環境など個人差はあろうが、自分の中に自分の経験が過去として積み重なっていく(「経験の中の過去」)につれて、時間意識・認識も成長していく。この過程で、たとえば、おとぎ話に出会うようになり、その「物語」の展開を生活経験や想像力をもとに理解できるようになる。そしてやがて、現実に起こった「経験の外側の過去」を、「経験の中の過去」と共時的・通時的につながりある「物語」、すなわち「歴史」として認識し始めるだろう。もちろん、そのタイミングについても個人差があろう。私個人は、小学校二年生の時に、父から豊臣秀吉の伝記漫画を買ってもらい、「歴史が好きだ」という自覚を持ったことを覚えている。そしてその頃から、NHK大河ドラマ「独眼竜正宗」（一九八七年放送）を毎週欠かさず観るようになった。

自覚的な「歴史」との出会いの時期が小学校低学年頃で、きっかけが親類に買ってもらった歴史漫画などという私のような例は、歴史の教育や研究に携わる者の回顧としては、めずらしくはない。では、より一般的にはどうだろうか。私が教えている大学生にアンケートをとったところ、小学校六年生の社会科の授業で「歴史」に出会ったと回顧する者が、最も多かった。

これは不思議な結果である。好きか嫌いかは別にして、私たちはテレビドラマ、漫画、家族写真などを通じて日常的に「歴史」にふれる機会があるのであり、小学校六年生の社会科の授業まで何らかの「歴史」に出会わないということは、ありえないからである。けれども、「初めて歴史に出会ったのはいつ、どういうとき?」という質問にたいしては、社会科歴史の授業だと回顧・回答されるのだ。人々の「歴史」イメージにとって、学校の授業がいかに大きな影響を及ぼしているかを示しているのだろう。悪く言えば、学校の歴史教育が、「歴史」を身近なところから遠ざけているのかもしれない。

2 初めて「歴史的に考える」ことに出会うとき

「歴史」に出会うといっても、その時期がいつであれ、場がどこであれ、「経験の外側の過去」そのものに出会えるわけではない。「経験の外側の過去」についての何らかの痕跡（＝史料）を通じてしか、人は「歴史」に出会うことはできないのである。より一般的には、歴史家が史料を通じて明らかにした「歴史」記述や、「歴史」記述をも参考にしながら作成された諸メディアを通じて、人は「歴史」に出会う。幼少期の私にとっての歴史漫画や大河ドラマはそうであるし、学校の授業における教科書の記述や教師の説明もそうである。

ということは、私たちが接する「歴史」は、純然たる過去そのものではなく、史料を残した者の意図や、史料を読み解いた歴史家の解釈など、何らかのバイアスがかかっているということだ。また、私たちも歴史的な存在であり、生きている時代や地域の価値観から自由ではないのだから、ものごとをありのままに見られるわけではない。ただでさえバイアスのかかっている「歴史」の中の過去に、さらに自分のバイアスをかけ、デフォルメしながら見ている、というのが実態なのだ。なればこそ、「歴史」にも、「歴史」を見る私たちの目にも、バイアスがかかっていることに自覚的に「歴史」を見ることが大事になる。デフォルメされた過去から無批判に学ぶとき、それが人を苦しめ、誤らせることがあるからだ（第2章参照）。「歴史」のバイアスに自覚的になることを、「歴史」が過去そのものではないことに何らかの形で気づく状態も含めて、ここでは「歴史的に考える」と呼ぼう。

では、人はいつ、どういうときに、「歴史的に考える」ことに出会うのだろうか。この旨の質問を、先の同じ大学生にぶつけてみると、ほとんどの答えが「大学生になって、歴史学概論の授業を受けた時に初めて知った」であったことが興味深い。小学校・中学校・高等学校時代に「歴史」は学んでも、「歴史的に考える」ことは学ばなかった、という意味の回顧だからである。しかし、この回顧――回顧もまた、過去そのものではないという意味で「歴史」である――は実態なのだろうか。

ふたたび私個人の話をすれば、「歴史的に考える」ことを自分の思考として最初に経験したのは、「歴史」に出会ってから間もない頃であった。父に買ってもらった豊臣秀吉の伝記漫画を読み、その立身出世のストーリーに感銘を受けて歴史好きを自覚した私は、同時並行で観はじめたNHK大河ドラマの中で、自分が知っている人物像とは大きく異なる豊臣秀吉に出会った。主人公の伊達政宗の目を通して描かれる秀吉は、勝新太郎の迫力ある怪演もあり、小学生の私には傲慢な権力者に映った。文禄・慶長の役（壬辰・丁酉倭乱）を起こしたことも伝記漫画には描かれておらず、ドラマの中で初めて知った。それまで抱いていた偉人としての秀吉像とのあまりの落差に、とても戸惑ったことを覚えている。

このことを先ほどの学生に話してみると、「そういえば……」という例がぽつりぽつりと挙がり始める。一方で、それも含めて「（私は「歴史的に考える」ということに）たった今、先生の話を聞いて初めて気づかされた」という学生もいる。もちろんその学生も、他の多数の学生が「歴史的に考える」

ことを学んだという歴史学概論の授業を受講していたはずなのだが。

3 「歴史的に考える」ことは教えられているか

人が「歴史」から学ぶ上で「歴史的に考える」ことがいかに大事か、この本の第Ⅰ部で扱ってきた。多様性が尊重される社会の実現には、各人が自らの先入観や偏見を自覚し、相対化する力を持つことが不可欠であろう。「歴史的に考える」ことは、この力にかかわっている。ならば、初等（小学校）・中等（中学・高校）教育における歴史教育でこそ、「歴史的に考える」ことは教えられてよいはずだ。しかし、当の初等・中等教育を受け、あまつさえ自らも歴史教育に携わろうとしている大学生が、「歴史的に考える」ことを大学生になって初めて知った、あるいは「大学生になって特定の授業を受けるチャンスに恵まれた者以外は、現在の日本では学べない状態になっている」と回顧することを、どう考えればいいだろうか。

学生たちの言うとおり、小・中・高校において「歴史的に考える」ことは教えられていないのだろうか。たしかに、私自身の記憶を辿っても、「歴史的に考える」ことに結びつく記憶は学校の授業ではない。家庭生活の中でのものである。私にとっての小・中・高校での授業は、いずれも、教科書にそって、先生が楽しそうに解説しているのを私も楽しんで聞いている（か、全く別のことを考えていたかの）場面として記憶されている。もっとも私は、教科書にそった「歴史」のストーリーを、私なりに「歴史的に考え」ながら聞いていたのかもしれない。それでも、「歴史的に考える」こと自体を学校で教わったという記憶は、今のところ出てこない。

記憶もまた「歴史」であるから、今日の私のバイアスがかかっている。しかし、残念ながらこの記憶については、日本の一般的な初等・中等歴史教育の現状にも当てはまっていると言えるだろう。日本の児童・生徒は、少子化とはいえ相変わらず受験競争にさらされている。教科書に書いてあることの中からであれば入試に出題してもよい、という受験の実態に合わせて、教科書をまんべんなく教え、学力として定着させる授業が広く行われている。学年段階が上がり大学受験に近づくほど、この傾向は強くなる。このような授業観・学力観においては、教科書をバイアスのかかった「歴史」として学ぶことは、重視されない。むしろ、「正解」に効率よく辿り着くことの「邪魔」として忌避される。こうした授業を受ける中で、児童・生徒は、「歴史」をあたかも客観的事実として受けとることに慣らされてしまっているのが、初等・中等歴史教育の一般的な実態であろう。学生たちの受けてきた授業がこのようなものであった可能性は、否定できない。

とはいえ、はたして本当に「歴史的に考える」ことは教えられていないのだろうか。すでに二〇一八年度から小・中学校で先行実施されている第九次改訂学習指導要領において、社会科歴史教育では小・中・高一貫して、「（社会的事象の）歴史的な見方・考え方」をはたらかせて授業を展開することがうたわれている。中でも、高等学校に二〇二二年度より新設される科目「歴史総合」の学習指導要領「解説」には、「歴史的な見方・考え方」をはたらかせるにあたっては、「課題（問い）を設定し追究する学習」が有効とされ、「課題（問い）の追究を促す資料の活用の例」として、「内容、登場する人物、日付や時期、資料の出典などから推察できる留意点は何だろうか」「資料に示された内容は、作成者が直接見聞きしたことか、伝聞か、仮説か、個人の感想か」「この資料中に描かれた説明の背後にはどのような意図があると考えられるだろうか」「示されている結論を導く資料はどれだろうか」「異なる主張の根拠とされる資料を比較し、その共通点と相違点を明らかにして、それぞれが主張する結論との関係を説明しよう」などが挙げられている。ここで言う「資料」とは本章で言う「歴史」であるし、「資料の活用」とは「歴史的に考える」ことに他ならない。そして、これまでの学習指導要領の歴史から言えば、各現場の有益な試みが学習指導要領の改訂を促し、これに取り入れられていった側面がある。つまり、「歴史的に考える」ことは、多数ではないとしても、すでに一部の学校現場では教えられているはずなのである。

例として、児童の「歴史的な見方・考え方」を育てると明言し授業に取り組まれている、ある小学校教師の六年生歴史の授業を、私の授業観察に基づいて紹介しよう。この教師は、歴史を「変化のきっかけ」に着目して考えることを「歴史的な見方・考え方」ととらえ、これを児童に考えさせるための問いを毎時間の授業で示している。児童は、問いの答えを教科書や資料集の記述を参考に考え、発表する活動を行う。その上で教師は、発表させた意見の根拠の妥当性についてあらためて児童に問い返しながら、「歴史の変化には理由がある」「教科書の記述を鵜呑みにしない」ことを実感させ、その実感に基づく歴史認識を形成させようとしている。このような授業を行うのは、児童の「歴史の勉強＝暗記」という意識をこわし、歴史に興味を持ってほしいからだという。

ある日の授業は、平安時代の国風文化の学習であった。いつものように、教師がまず黒板に、授業の課題を板書（この日は、「貴族が栄えた時代に、どうして日本風の文化が生まれたのだろうか」）し、この理由を児童がグループになって教科書や資料集の記述をもとに予想し、発表するという活動に入る。その後、児童から出てきた予想を元に授業を展開していき、クラス全体として「変化のきっかけ」の表現を考えていく。この日のグループ活動では、全てのグループから、「遣唐使の中止によって中国風の文化の影響が弱まった」との予想が出た。これにたいし教師の方から、かな文字が生まれた後にも漢字で記された藤原道長の日記や、十二単の中国風の文様などの当時の史料をビジュアルに示し、国風文化は中国風の文化の希薄化によって起こったと単純化できるものではなく、むしろ両文化のハイブリッドな性格を持つということを確認していく、という形で展開した。

児童が自ら教科書などの資料（＝「歴史」）をもとに歴史認識を形成するのを促しつつ、その歴史認識もまた「歴史」に過ぎないことを別の資料（藤原道長の日記など）から問い直し、より高次の歴史認識をつかませようとしていたわけである。そのプロセスで児童がはたらかせねばならなかった思考こそ、「歴史的に考える」ことに他ならない。この日の授業では、最初にすべてのグループが同様の予想をしていたため、その後の展開で予想がひっくり返されていくにつれて、児童は身をのり出して授業に参加していた。すばらしい授業展開であった。

先の学生たちにこの授業を紹介すると、自らが受けてきた授業の中にも、たとえば複数の「歴史」

の見方を考え合うような、「歴史的に考える」授業があったことを思い出す学生が、わずかではあるが出てきた。記憶（という「歴史」）から忘却されていたとしても、「歴史的に考える」ことが全く教えられていないわけではないのである。

4 「歴史的に考える」ことはどう学ばれているか

「歴史的に考える」ことを学んだ学生の中には、これを学校で教えることを課題ととらえて努力し、教員になっていく者もいる。一方で、一定数の学生は、「「歴史的に考える」ことのような高度なことは、大学で学べばいいことであって、初等・中等教育で教える必要はないのではないか」とも述べることを見逃すわけにはいかない。学生だけでなく、現役の教師にも、こう答える者は少なくない。中には、「「歴史的に考える」ことを教えることは大事だと思うが、そういうことは求められていないように思う」と、（そんな「高度なこと」を教えるための準備をする余裕は、ただでさえ多忙な教員にはない、という）労働条件も含めた嘆きを漏らす教師もいる。

はたして、「歴史的に考える」ことは、大学に進学する「エリート」のみが身につければよい「余興」なのだろうか。かつての私は、「複数の豊臣秀吉」（＝複数の「歴史」のバイアス）に出会い、戸惑ったのだが、このような小学生の素朴な疑問には答えず、「高度なこと」ではない授業をすることが、学校の教師のする仕事なのだろうか。なぜ歴史の教師が、「歴史の考え方」は教えなくてもいいと考えるのだろうか。

この背景には、「歴史的に考える」ことは、教えても理解することが難しい、という認識がある。たしかに、そうなのかもしれない。たとえば、私は、先述した豊臣秀吉ギャップを感じた際、いっしょに大河ドラマを観ていた両親に質問をしている。どういう聞き方をしたかまでは覚えていない。ただ、両親ともに「秀吉は身分の低い状態から天下を取るまでは立派だったが、偉くなって、欲を出して悪くなってしまった」との旨を答えたことは覚えている。しかし、偉くなったこともない小学生の私は、この説明がどうも腑に落ちなかった。こうした経験から、やがて学校や地域の図書館に行って、秀吉（に限らずだが）について書かれている複数の伝記を読み漁ることになった。そこで、本によって、あるいは他の人物の伝記に出てくる場合によって、秀吉の描き方に違いがあることに気づいていった。私は、読むごとに新たな「事実」を発見できることに快感を覚えたが、本によって描き方が異なる理由までは理解できず、違和感を抱え続けていた記憶がある。

この違和感こそ、「歴史」のバイアスにつまづきながら、その理由を理解できなかった＝「歴史的に考える」ことができなかったことに由来するものである。歴史で口に糊するようになった今ならば、それがわかるが、当時の私にはわからなかった。もしあの時、両親が「誰を主人公にするか、あるいはストーリーの描き手によって、その人の評価は変わるのだ」と説明してくれていたらどうだっただろう。あるいは、伝記が複数あり、それによって描き方が微妙に異なる理由について、「本の著者は誰か」「いつ書かれたものか」を意識して読んでいれば（当時は全く意識せずに読んでいた）、私は納得したのだろうか。それとも、小学生には理解できなかっただろうか。いずれにせよ、私の両親や、地域の小さな図書室でいつも私に伝記を貸し出してくれた方は、ここで言うレベルでの「歴史的に考える」ことは、理解していたはずだと考えている。実際、私の母は、私の質問への答えとして、一九六五年のＮＨＫ大河ドラマ「太閤記」で緒形拳が演じた秀吉の（勝新太郎の秀吉とは異なる）すばらしさを、何度も語ってくれたのだから。母にしてみれば、この例によって「歴史的に考える」ことを教えようとしていたのかもしれない。やはり当時の私は、ヒントを与えられても、「歴史的に考える」ことを理解できなかったのだろう。

であれば、先の国風文化の授業も、教師の意図とは別に、「歴史的に考える」ことを児童がどう学んだか、という観点から考える必要があるだろう。冒頭のグループ活動では、「貴族が栄えた時代に、どうして日本風の文化が生まれたのだろうか」という問いに対し、すべてのグループが、遣唐使の停止と国風文化の成立に因果関係を認める答えを発表した。観察したところ、その理由は大きく二つある。一つは、児童が使用していた資料集（図６－１）の中に「遣唐使の中止などにより」という記述があったことである。実はこの記述は、資料集の記述の中では細部にあたるものであり、全体の構成は、必ずしも「遣唐使の中止」と国風文化の成立に強い因果関係を認めているわけではない。しかし、児童はこの文言に飛びついたのである。なぜ飛びついたのか、それがもう一つの理由であるが、どうもグループの中の塾に通っている児童が、国風文化の成立を「遣唐使の中止」という因果関係で学習しており、他の児童が必ずしも納得していなくても、その意見で押し切っていたのである。つまり、

を楽しみ，はなやかなくらしをしていました。

3 平安時代に栄えた文化

かな文字のおこり

ひらがな	かたかな
安―安あああ	阿―ア
以―以いい	伊―イ
宇―宇うう	宇―ウ
衣―衣ええ	江―エ
於―於おお	於―オ

遣唐使《けんとうし》の中止などにより，中国《ちゅうごく》（唐）の文化のえいきょうが弱まり，かな文字など日本風の文化がさかんになりました。

かな文字の発明により，女性も文字に親しみ始め，紫式部《むらさきしきぶ》の「源氏物語《げんじものがたり》」のようなすぐれた文学作品が生まれました。

平安時代の主な文学作品

- 源氏物語（紫《むらさき》 式部《しきぶ》）光源氏《ひかるげんじ》を主人公とした小説《しょうせつ》。
- 枕草子《まくらのそうし》（清少納言《せいしょうなごん》）宮中《きゅうちゅう》のくらしをつづった随筆《ずいひつ》。
- 古今和歌集《こきんわかしゅう》（紀貫之《きのつらゆき》など）醍醐《だいご》天皇の命令で編さんされた和歌集。
- 竹取物語《たけとりものがたり》（作者不明）日本で最古の物語。

紫《むらさき》 式部《しきぶ》　人物事典 P.115

清少納言《せいしょうなごん》　人物事典 P.115

平等院鳳凰堂《びょうどういんほうおうどう》（京都《きょうと》府宇治《うじ》市）　国宝　世界遺産

藤原道長《ふじわらのみちなが》が別荘《べっそう》として建て，子の頼通《よりみち》が寺院にしました。平安時代の代表的な建物で極楽《ごくらく》をこの世に現したといわれています。

紀伊《きい》山地の霊場《れいじょう》と参詣道《さんけいみち》（三重《みえ》県，奈《な》良《ら》県，和歌山《わかやま》県）　世界遺産

紀伊山地は，昔から仏教《ぶっきょう》の特別な地域《ちいき》として知られていました。

世の中に対する不安から，天皇や貴族をはじめ，全国から多くの人々が熊野《くまの》をおとずれるようになりました。

飛鳥～平安時代

歴史MONOもの語り　中尊寺金色堂《ちゅうそんじこんじきどう》　国宝　世界遺産

貴族が京の都《みやこ》ではなやかなくらしをしていたころ，遠くはなれた東北地方でも，その地を治める奥州《おうしゅう》藤原氏によって，仏教を中心としたまちづくりが行われていました。中尊寺は，戦いのない世の中を願って藤原清衡《きよひら》が建てた寺です。金色堂の建物の内外は金ぱくでおおわれています。

（岩手《いわて》県平泉《ひらいずみ》町）

学習サーチ　入力することば：平安の文化　資料の例：源氏物語と枕草子　など

まとめよう

1. 平安時代の貴族《きぞく》は，寝殿造《しんでんづくり》のやしきに住み，はなやかなくらしをしていました。
2. 藤原《ふじわら》氏は娘《むすめ》を天皇《てんのう》のきさきにするなどして，勢力をのばしました。
3. かな文字の発明など，日本風の文化（国《こく》風文化《ふうぶんか》）が栄えました。

もっと知りたい　えさし藤原の郷《さと》▶平安時代の寝殿造《しんでんづくり》の復元を見学できる。
〒023-1101　岩手県奥州市江刺区岩谷堂字小名丸 86-1

31

（2018年）の国風文化のページ

大陸に学んだ国づくり

9 貴族《きぞく》のくらしと文化

めあて 藤原氏はどのように勢力をのばし，貴族はどのような生活をしていたのでしょう。

1 はなやかな貴族のくらし

寝殿造《しんでんづくり》のやしきと貴族の様子（想像図）

平安時代，朝廷《ちょうてい》では年中行事や儀式《ぎしき》がさかんに行われるようになりました。また，貴族は和《わ》歌や音楽，けまり，花見や月見など

2 勢力をのばした藤原氏《ふじわら》

1 藤原氏への権力集中

他の貴族を朝廷から追い出した

ライバルの貴族にむほんのうたがいをかけさせました。

娘《むすめ》を天皇《てんのう》のきさきにした

娘が天皇の子を産むと，自分の思いどおりに政治を行いました。

たくさんの土地を手に入れた

豪族《ごうぞく》や有力な農民から寄《き》付《ふ》という形で農地を受け取り，収入を増やしました。

娘を天皇のきさきにし，娘の産んだ子どもを天皇の位につけたことで，わたしは思いのままに政治を行うことができるのだ。

世はまさに，藤原氏の全盛《ぜんせい》である。わたしの気持ちを歌で表してみたぞ。

この世をば
わが世とぞ思う
望月の
欠けたることも
なしと思えば

人物事典 P.116

藤原道長《ふじわらのみちなが》

※歌の意味

この世のすべてが，まるで自分のもののようだ。欠けたところのない満月のように，わたしの心は満足だ。（娘を天皇のきさきにした時によんだ歌）

2 高官《こうかん》（高い位の貴族）を独占《どくせん》していった藤原氏

年	藤原氏	その他の貴族	計
858年	5人	9人	14人
969年	11人	7人	18人
1017年 道長のころ	20人	4人	24人
1067年 頼通のころ	16人	8人	24人

「公卿補任年表」笠井昌昭

藤原氏は，有力な貴族を追放したりして競争相手をなくしていきました。

藤原氏の力をおさえるために，天皇に信頼されていた菅原道真《すがわらのみちざね》も，藤原氏によって九州《きゅうしゅう》の大宰府《だざいふ》に追われました。

菅原道真《すがわらのみちざね》

人物事典 P.116

チェック！ 藤原氏は，どのようにして競争相手をなくしていったのかな。

キーワード

大宰府《だざいふ》 ▶ 九州を治める役所「大宰府政庁《だざいふせいちょう》」のこと。西国の防衛《ぼうえい》や外国との窓口として重要な役割を果たしていた。

遣唐使《けんとうし》の中止 ▶ 中国（唐）の国内が乱れて力が弱まってきたので，多くの危険を冒《おか》してまで交渉《こうしょう》する必要はないと考え894年に中止された。

30

図６-１　日本標準『社会科資料集６年』

教師の方は、複数の「歴史」の見方がありうること（資料集も、複数の「歴史」を示す資料が集まっている）を確認しながら、それらを「鵜呑みにしない」で、自分の意見を持たせたいとする意図をもっていたが、児童の方は、塾で教わった「歴史」を、資料集の中の一部の「歴史」のみで補強して、他の児童の「歴史」の見方を抑えこんでいたのだ。

その後の授業展開は、こうして画一化された児童の認識に「本当にそうだったのか」と疑問を投げかけるものであったのだから、教師にとっては想定内というより、むしろ都合のいい反応であったとも言える。実際に、塾や資料集で補強された歴史認識を揺さぶるような資料（＝「歴史」）が教師から提示されると、児童は驚きの声を上げながら、生き生きと学んでいた。問題は、それによって児童の歴史認識がどのくらい揺さぶられ、「歴史的に考える」ようになったたか、である。

これに関して、グループ発表が終わった後の教師からの発問は、「遣唐使をやめたら、ぱったりと中国の文化はなくなったの？」であった。その時に、最初に発言した児童は、「かな文字の成り立ちを見ればよくわかるんだけど」と前置きして、自分のグループが出した中国風文化の希薄化による国風文化の成立という意見を再主張していた。この発言は重要である。なぜなら、この発言は、複数の資料の中から、ある一部の資料に着目したことに自覚的な「歴史」の語りであり、明確に「歴史的に考え」ていると言えるからである。つまり、先のグループ活動では、多様な「歴史」の見方がひとつの「歴史」に塗りつぶされてしまったように見えて、個々の児童に即してみれば、児童なりに「歴史的に考え」ていたのである。その思考が、教師の発問によってさらに引き出されたのが、グループ学習後のこの場面であったと言えよう。

しかし、その後の授業展開では、この児童の発言に着目するというよりは、教師が国風文化のハイブリッド性（単に中国風文化が希薄化したわけではなく、中国風文化と日本風文化が入り混じっていた）を強調していった。それもあってか、授業の最後に児童らが書いた意見は、「遣唐使が中止になっても中国の文化のよいところだけを残し日本風になって、日本風がよりよいものになるようにしたと思う」「平和であることに加えて遣唐使も中止されて中国の文化の影響も残しながらそれといりまぜて日本風の文化（かな文字、年中行事……）が生まれた」「日本風の文化は急にできたのではなく、平和だったり遣唐使を中止したりした事からできたし、日宋貿易などもあって日本と中国の入り交じった文化なのだと分かった」というように、この日の授業で学んだことをすべて盛り込もうとして、論理が混乱しているように見える。資料集の一部から読みとった「かな文字の成り立ち」ではなく、教師が示した資料の一部から読みとれる「漢字」に着目すれば、同じ国風文化の評価も変化するという議論（＝「歴史的に考える」議論）に発展していく萌芽は、あったはずだが、生かされなかったと言えよう。

5　「歴史的に考える」ことが促されるとき、阻害されるとき

上記の授業観察からうかがえるのは、グループ活動で塾通いの児童の意見に納得できなかった児童や、「かな文字の成り立ち」に着目した児童の思考は、私の幼少期の秀吉への疑問と同様に、「歴史」

に出会った瞬間の素朴な疑問として、授業の中にもあらわれていたことである。ここでの素朴な疑問こそ、「歴史的に考える」ことの萌芽と呼べるものだ。その萌芽は、教師が児童の意見＝「歴史」のバイアスに疑問を呈することで、「歴史的に考える」ことへ発展していく可能性も十分にあった。そうであれば、「歴史的に考える」ことは難しく高度なこと、という評価は、あらためられるべきであろう。

一方で、この授業の中では、「歴史的に考える」ことへは十分に発展しなかった。それは、学校外での受験対策＝「正解」を効率よく求める学習や、それに親和的な資料集の記述によって、児童の素朴な疑問の発露に、一定の枠がはめられたからと言えるだろう。授業の最後の意見が、（矛盾を孕んでいるはずの）資料集の記述と教師の説明の両方を併記していたのは、児童は、塾の先生も資料集も学校の先生も、みな「正解」を言っていると考えたからではなかったか。歴史には「正解」があり、それは先生や教材など誰か（大人）が決めたこと、という考え＝「正答主義」が、児童の素朴な疑問が「歴史的に考える」ことへと発展することに、蓋をしてしまったと言い換えてもいいかもしれない。だとすれば、「歴史的に考える」ことを教えなくてもよいとする考えは、この蓋に加担することにほかならないだろう。

今日、私の幼少期以上に、日常的にさまざまなメディアによって「歴史」にふれる機会が増えている。「歴史」は、その人のアイデンティティ形成に深くかかわる。よって、そのバイアスに気づかないまま、特定の「歴史」を「正解」として同一視することは、グローバル化する世界において、他者との共存に支障をきたしかねない。「蓋に加担する」とは、児童・生徒の成長と学校教育の意義にかかわる重大な問題なのである。「歴史的に考える」ことをどう教えるかが、今日の歴史教育の課題に据えられなければならない。

その際、授業の中では、児童の疑問や意見によって、蓋が常に動いていたことも、忘れてはならない。紹介した教師は、児童の意欲や思考を受けとめ、この蓋を動かそうとしていた。今回紹介した授業一時間だけでは、蓋を開けきることはできなかったかもしれないが、児童の素朴な疑問に訴えかける授業を、この教師は毎時間行っている。その積み重ねの先に、「正解」を越えて、「歴史的に考える」ことの可能性が拓けていくのではないか。

6　「歴史的に考える」ことの教え方・学び方

「正解」が求められる学校生活では、「歴史的に考える」ことを教えることも、学ぶことも、簡単ではない。そうした中で、「歴史的に考える」力を身につけるためには、どうすればいいだろうか。以下では、私が中学・高校で教えていた頃の試みを紹介することで、この問題を考えてみたい。

教室の外に目を開く

新年度の授業開きの日に、毎年、多くの生徒から、「暗記は苦手ですが、一年間よろしくお願いします」と挨拶されてきた。この枕詞をつけなければ、歴史の教師に対面できないということであろう。生徒にとっての歴史の学習が、いかに教室の中に縛られているかを物語っている。

しかし、かく言う私は、その教室の中で歴史の授業を行わざるを得ない。歴史は日常に溢れている。そして、歴史の学習は教室の外の世界を理解し、その中での自分の位置を確かめ、見直すことだ、ということをどうしたら理解してもらえるだろうか。その思いから、「世界史通信」というプリントを、週一回ほどのペースで発行していた。

「世界史通信」は、大きく二つのコンテンツで作成していた。一つ目は、教師である私の方から、教室の外で歴史にふれる機会を紹介することであった。具体的には、テレビ番組や映画や美術展などの紹介、新聞の切り抜き、書籍の紹介などを行った。なお、ここで紹介することは、授業とは必ずしも関連づけてはいなかった。二つ目は、教室の外で歴史にふれた際の感想や意見を、生徒に投稿させることであった。各自の歴史とのつき合いを重視したかったので、投稿するかしないかは生徒の自主性に任せていた。

生徒たちは、テストの点数に直結するわけではなくても、熱心に投稿してきていた。その動機は、教室で学んだことが、教室の外の日常生活につながっていることを実感できた時の驚きや感動であったようである。驚きといっても、たとえば、英語の資格試験を受験したら、長文問題の内容が授業で扱ったテーマだったとか、歴史の授業は嫌いだが、毎週見ている動物番組が紹介されていたからという理由で投稿するとか、他愛ないことである。しかしそれが継続される中で、動物の生活から人間の社会生活について省察することを訴えるような投稿に変化していくことがある。だから「世界史通信」では、さまざまな教室の外の「歴史」を紹介することに努めた。生徒の多様な興味関心に幅広く訴えかけようとしたのである。

もう一つ、生徒の意欲を喚起したのは、投稿記事が他の生徒に読まれることであった。自分の意見を読んでもらうことを意識して、新聞記事の切り抜きをはじめた生徒もいた。同学年の仲間の意見や経験にたいし、生徒は強い関心を持っていて、新しい「世界史通信」を配布するたびに、食い入るように読んでいた。ときに、紙上討論が始まることもあった。たとえば、ある生徒の、戦争や植民地支配の歴史に関する投稿にたいし、ちがった意見をもつ生徒が反論し、関連する新聞記事等を紹介することがあった。こうして生徒は、「歴史」を取り上げる自分の視点とは異なる視点を知ることで、「歴史」をあらためて考え直そうとしていた。生徒同士の学び合いの中で、自然と「歴史的に考え」はじめたのである。

投稿記事で人気があったのは、帰国生からの海外生活経験であった。中でも、あるインドネシアからの帰国生の投稿が印象に残っている。彼女は、英語圏からの帰国生でないことに劣等感をいだく経験をしたのか、最初は投稿を躊躇していた。少し背中をおすと、異文化としてのインドネシアを実に生き生きと描いた記事を連載してくれた。当初は時間意識のちがいや食生活に至るまでの楽しい記事が続いたが、あるとき、「今回は、インドネシアの子どもたちについて書きたいと思います」と、これをどうしても書かなければならなかった、という筆致で投稿してくれた。小学校三年生でジャカルタに渡り、初めて見たインドネシアの子どもがストリートチルドレンであったこと。その時にすぐには理解ができなかったこと。生活していく中で、やがて、学校に行くにもインドネシア人運転手による送迎のあった日本人の自分との差異や、学校で知り合った信じられないほど裕福なインドネシア人との差異について、悶々とするようになったこと。車に乗っている時に、窓の外から手を伸ばしてくる彼らに何もできなかったこと。しかし学校のチャリティの際には、家族でできるだけ多くの寄付をしたこと……。この投稿は、「どうしてここまで差が大きくなったのか……。私は、貧富の差の激しい国で貧富の差をいたるところで感じ、〝貧富の差〟という言葉の重みを知りました」という文で結ばれていた。

現実の世界における貧富の差を、歴史的に形成された構造として理解することは、世界史学習における重要なテーマである。よって、教師も生徒も、〝貧富の差〟はまさに教室の中で使っていた言葉であった。彼女は、英語圏からの帰国生でないことを隠したくなってしまうような日本の教室で、自分の生活経験を振り返り、教室の中の歴史の学びと結びつけることで、貧富の差を学ぶことを自分なりに意味づけ直したのである。

日常生活の中の歴史に目を向けることは、誰か（大人）がつくった教材について学ぶのではなく、歴史を学ぶことの意味を自分なりに見出していくことにつながる。そうすることで、「歴史的に考える」ことが可能になる。「世界史通信」が目指したことは、このようなことであった。

世界認識の非対称性を問う

八月六日が何の日かと生徒・学生にたずねると、「ヒロシマ」の四文字だけの答えが返ってくることが多い。もっと言葉を補った説明を促すと、広島に原爆が「落とされた日」と答える者もいれば、「落ちた日」と答える者もいる。ここにはすでに、「歴史の見方」のちがいが含まれている。八月六日＝ヒロシマとだけ答える試験問題でたずねていたのでは、このちがいはわからない。

さらに、「では広島に原爆を落とした爆撃機が飛び立った飛行場はどこにあったか」とたずねると、ヒロシマを知らないはずがないだろうという顔で答えていた生徒・学生は、ほぼ誰も答えられない。テニアン島だと地図で答えを示すと、近くのサイパン島やグアム島になら行ったことがあると言う以外は、「知るわけないよ」とでも言いたそうな顔をしている。しかしこの後、その飛行場がもとは日本の統治下で建設され、「玉砕」後に米軍のものとなった経緯を説明していくと、顔つきがしだいに変わっていく。

ここで問題にしたいことは、テニアン島の歴史を知識として知らなかったことではない。なぜヒロシマを知っていても、それに深く関係するはずのテニアン（を支配していたことの認識）は抜け落ちるのか、認識の偏り（バイアス）を問題としたいのだ。第2章で取り上げられた、若い機動隊員が沖縄の住民に対して「土人」という言葉を浴びせたことの背景には、こうした問題があるのではないか。大事なことは、何を知っているかではなく、その知り方なのである。先ほどの貧富の差について、背景となる世界経済の構造を説明できただけでは、貧富の差を知ったことにはならないのと同様である。

歴史のように「経験の外側の過去」について学習する場合には、知っているだけで済ませてはならないのである。そうしなければ、場合によっては、知識が他者の排除を支える認識になることがあるのだから。

上記のようなことを意識して、授業では、生徒が知らず知らずのうちに身につけてしまっている、認識の偏り（バイアス）に問いかけようとしてきた。たとえば、日本の歴史上でもたいへんポピュラーな鉄砲伝来にまつわる認識である。近年の中学校教科書では、鉄砲を日本に伝えたポルトガル人が中国船に乗っていたことや、その背景となる一五世紀の東アジアの交易などの記述が充実してきており、これらの認識も定着しつつある。とはいえ、中国船に乗っていようと、種子島に最初に鉄砲を伝えた主体はポルトガル人という認識に変化があるわけではない。しかし、当時の貿易活動を考えれば、通訳の問題も含め、鉄砲を売り込んだ主体は船の持ち主である中国商人であったのではないか、とか、なぜ種子島が最初の鉄砲伝来地と断言できるのか——その根拠である南浦文之『鉄炮記』は、鉄砲伝来から約六〇年後に、種子島氏第一六代島主久時《ひさとき》が、鉄砲を購入した第一四代島主時堯《ときたか》の功績を顕彰するために作成させたもので、種子島伝来説の根拠として無批判に信頼できる史料ではない——、同じ時期に西日本に来ていた中国船が鉄砲を売っていた可能性も否定できないのではないか、とも考えられるのである。

そこで授業では、こうした例を挙げながら、生徒の中にある常識的な歴史認識に疑問を投げかけていき、現在の教科書記述「一五四三年、ポルトガル人を乗せた中国人の倭寇の船が種子島（鹿児島県）

に流れ着きました。このポルトガル人によって日本に鉄砲が伝えられました。」（中学校社会科教科書『新編新しい社会』東京書籍、二〇一五年検定済：図６－２）をあらためるべきか否か、あらためるとすればどう記述すべきか、を扱ったことがある。

生徒が歴史の「正解」と信じて疑わない教科書の記述にあえて疑問を呈することで、教科書の記述も一つの「歴史」であること、をつかませることをねらったのである。同時に、一つの「歴史」だからといって独善的でもよいわけではなく、教科書のように広く信頼されるものであるために、根拠に基づき記述されていることを確認し、「歴史」の成り立ちを追体験させた。こうして最後に、生徒自身を「歴史」の書き手とすることで「歴史的に考え」させ、当初の常識的な歴史認識に揺さぶりをかけてみたのである。

生徒はさまざまに「書き換え」を行ったが、当初の歴史認識が簡単に揺らぐわけではない。中には、「ポルトガル人が伝えた」の方がよい。倭寇だと海賊なので、鉄砲伝来の良いイメージがなくなる」と答える生徒もいた。なぜ鉄砲伝来が「良いイメージ」なのか。なぜ「良い」ものを伝えた主体はアジアの商人ではなくヨーロッパ人の方がいいのか。この生徒の意見には、常識的な歴史認識＝鉄砲というヨーロッパの先進文化がある日突然やってきて日本の社会は大きく変化したという非歴史的・非構造的な認識に潜む、ヨーロッパ中心主義的思考がにじみ出ている。「歴史的に考える」とは、こういった強固な常識を可視化し、対象化し、考え直す営みなのである。

3 フランシスコ・ザビエル（1506～52）　アジアでの布教中に出会った，アンジロウという日本人と話したことから日本への布教を決心し，いっしょに鹿児島《かごしま》に上陸しました。（兵庫県　神戸《こうべ》市立博物館蔵）

4 南蛮《なんばん》貿易でもたらされた地球儀《ちきゅうぎ》（フォベルの地球儀　奈良《なら》県　天理《てんり》大学附属《ふぞく》天理図書館蔵　球の直径28cm）

マカオを根拠地《こんきょち》としていたポルトガル商人たちも，貿易の相手として日本に注目し，平戸《ひらど》（長崎《ながさき》県）や長崎などで貿易が始まりました。輸入品は，生糸《きいと》や絹織物など中国産の品物が中心でしたが，毛織物，時計，ガラス製品など，ヨーロッパの品物もありました。日本は，主に銀を輸出しました。ポルトガル人や後に来たスペイン人は**南蛮人**《なんばんじん》と呼ばれたので，→p.85この貿易を**南蛮貿易**《なんばんぼうえき》といいます。1

キリスト教の広まり

イエズス会の宣教師も，南蛮船と呼ばれた貿易船に乗り，次々と日本にやってきました。貿易の利益に着目した九州《きゅうしゅう》各地の戦国大名の中には，領内の港に南蛮船を呼ぶため，キリスト教徒（キリシタン）になる者も現れました。これをキリシタン大名といいます。1582（天正《てんしょう》10）年，イエズス会は，布教の成果を示すため，伊東《いとう》マンショなど四人の少年を，豊後の大友宗麟《おおともそうりん》などのキリシタン大名が派遣《はけん》した使節として，ローマ教皇のもとへ連れていきました（天正遣欧《けんおう》少年使節）。5 四人は，ヨーロッパ各地で熱烈《ねつれつ》な歓迎《かんげい》を受けました。

宣教師は，長崎や豊後，京都などの各地に教会，学校，病院，孤児院《こじいん》などを建設し，布教や慈善《じぜん》事業を行いました。このため，民衆の間にもキリスト教の信仰《しんこう》が広まり，17世紀の初めには，信者が30万人をこえたといわれています。6

5 四人の天正遣欧少年使節《てんしょうけんおう》（京都《きょうと》大学附属《ふぞく》図書館蔵）　当時のドイツで印刷された肖像画《しょうぞうが》。伊東《いとう》マンショ（右上），千々石《ちぢわ》ミゲル（右下），中浦《なかうら》ジュリアン（左上），原《はら》マルチノ（左下），中央上は四人を引率《いんそつ》したイエズス会のメスキータ。四人は1590年に日本に帰国しましたが，すでにキリスト教の布教は禁止されていました。

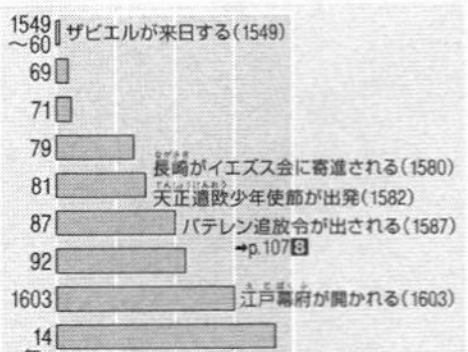

6 キリシタンの増加（五野井隆史《ごのいたかし》「日本キリスト教史」）　イエズス会の宣教師などの報告を基《もと》に推計したキリシタンの数です。

ヨーロッパ人の来航が日本にどのような影響《えいきょう》をあたえたか，次の二つの内容について，説明しましょう。　［①鉄砲　②キリスト教］

1節　ヨーロッパ人との出会いと全国統一　105

（2018年）の鉄砲伝来のページ

1 **南蛮船《なんばんせん》と南蛮人**（南蛮人渡来図屏風《とらいずびょうぶ》　兵庫《ひょうご》県　神戸《こうべ》市立博物館蔵）　南蛮人が来航して，上陸するのを，黒いマントを着た宣教師がむかえています。

3 ヨーロッパ人との出会い

ヨーロッパ人との出会いによって日本の社会はどのように変化したのでしょうか。

ためしてみよう

1の絵の中から，服装や持ち物に着目して，日本人と外国人を探しましょう。

鉄砲《てっぽう》の伝来

戦国時代には，日本各地で勢力争いの戦いが行われ，民衆も多く動員されました。中世《ちゅうせい》の社会は，戦国時代を経て大きく変化し，全国を統一する強い政権が生まれることになりました。

1543年，ポルトガル人を乗せた中国人《ちゅうごく》の倭寇《わこう》➡p.80の船が種子島《たねがしま》(鹿《か》児島《ごしま》県)に流れ着きました。このポルトガル人によって日本に鉄砲《てっぽう》**2**が伝えられました。鉄砲は戦国大名《だいみょう》に注目され，各地に広まりました。堺《さかい》(大阪《おおさか》府)や国友《くにとも》➡p.107 **5**(滋賀《しが》県)などでは，刀鍛冶《かじ》の職人によって鉄砲が造られるようになりました**2**。鉄砲が広まると，戦い方が変化し，それに対応して築城技術も向上して，全国統一の動きをうながしました。

キリスト教の伝来と南蛮《なんばん》貿易

1549年には，アジアで布教していたイエズス会➡p.101の宣教師**ザビエル**3が，キリスト教➡p.31を伝えるために日本に来ました。ザビエルは，布教のために鹿児島，山口《やまぐち》，京都《きょうと》，豊後府内《ぶんごふない》(大分《おおいた》県)などを訪《おとず》れ，2年余りで日本を去りましたが，残った宣教師が布教に努めました。

⇧2 **鉄砲《てっぽう》(上)と鉄砲鍛冶《かじ》**（和泉《いずみ》名所図会《ずえ》　東京《とうきょう》都　国立公文書館蔵，鉄砲：静岡《しずおか》県　久能山東照宮《くのうざんとうしょうぐう》博物館蔵　長さ140.5cm）　鉄砲は，先から火薬とたまを入れ，火を着けた縄《なわ》を使って火薬を爆発《ばくはつ》させたので「火縄銃《ひなわじゅう》」と呼ばれました。上の絵は，江戸《えど》時代にえがかれた堺《さかい》の様子です。

104　第4章　近世の日本

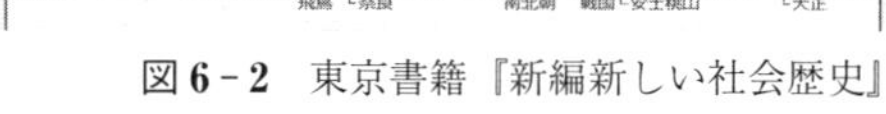

図6－2　東京書籍『新編新しい社会歴史』

内なる帝国意識と向き合う

「世界史通信」で教室の外の歴史に、教室の中で自分の中の「歴史」のバイアスに、目を向けることを試みていると、現実の社会で起こるさまざまな対立の背景に、「歴史」がかかわっていることに気づくようになる。とはいえ、他者のバイアスに目を向けることはできても、先の鉄砲伝来認識のように、自分のバイアスに目を向けることは簡単ではない。

二〇一五年五月に、「軍艦島」など「明治日本の産業革命遺産」が世界文化遺産に登録される運びとなった際、当時の韓国の外務大臣が「強制労働が行われた歴史的事実を無視したまま、産業革命施設だけを美化し、世界遺産に登録することに反対する」と述べたことが日本でも大きく報じられた(『朝日新聞』二〇一五年五月九日朝刊)。この時、ある生徒が、授業日誌にこのことを取り上げ、韓国側の反応に対して「むかつく」と書いた。この「むかつく」という感情を支えているものこそ、「歴史の見方」である。アジアにおける近代化を異なる立場で経験した過去そのものの対立ではなく、その過去を「西洋の技術を移転して、日本が近代産業国家になった」(『朝日新聞』二〇一五年五月五日朝刊)と評価するか、日本が近代産業国家になったのは西洋技術の移転の成功ではなく隣国を植民地として支配したからだと評価するか、という「歴史の見方」の問題だからである。

ここで、「むかつく」と反応した生徒を、近代日本の戦争や植民地支配の歴史に関する無知からくるものだ、と安易に決めつけるべきではない。一般的に、生徒は、当時の歴史を学び、知識が豊かになればなるほど、(戦争や植民地支配は当時としては)「仕方がなかった」と考えるようになる。数多の

明治の産業革命 世界遺産へ
8県23資産 登録勧告
「軍艦島」 八幡製鉄所 三池炭鉱

「明治日本の産業遺産」の世界遺産勧告
韓国反発 国民感情くむ
「明治日本の産業革命遺産」が、日韓の新たな懸案になっている。ユネスコ（国連教育科学文化機関）の諮問機関イコモス（国際記念物遺跡会議）が世界文化遺産への「登録」を勧告したが、韓国側は朝鮮半島出身者が強制労働させられた場所が含まれているとして反発。正式決定を前に、外交で巻き返す構えを見せている。
外交孤立化も要因
正式登録 可否判断へ

図6－3　「明治日本の産業革命遺産」について報じる『朝日新聞』
2015年5月5日（右）と9日（左）の朝刊記事

選択肢があったとしても、歴史とは実際に選択された過去であり、なぜその選択がとられたかの因果関係を認識すればするほど、現実の選択を合理的なものとして受け入れていくからである。ましてこれを「正解」として学ぶなら、その傾向はいっそう強まる。なお、「仕方がなかった」とする割合は、年齢が上がるほど増えていく。大人になればなるほど、自分の力だけではどうしようもない現実につきあたり、それと折り合いをつけていかざるを得ないことが増えるのだから、これが「歴史」をみる時の意識にも反映するのだろう。歴史をすでに起こってしまった過去そのものととらえてしまえば、過去もまた変えることのできない現実である。韓国側の「明治日本の産業革命遺産」への批判を、「歴史」への評価ではなく、変えることのできない過去への批判として受けとるならば、「むかつく」と反応する他ないのだろう。

しかし、過去そのものを変えることはできないが、「歴史」をどう評価するかは、現在の私たち次第である。「歴史」の評価が他者を苦しめていることをどう受けとめ、共に生きていくためにはどんな「歴史」の評価をしていけばいいのか、唯一の「正解」があるわけではない。「正解」ではなく「共通理解」あるいは「和解」のために、「歴史的に考える」ことが必要になってくる。そのためには、戦争と植民地支配を「仕方がない」ととらえてしまう自らの認識を「歴史的に考え」る必要がある。なぜなら、この「仕方がない」意識こそ、同時代において自国の戦争や植民地支配を追認してきた「帝国意識」に他ならないからだ。

そこで私の授業では、たとえば、日露戦争に刺激されてアジア各地で沸き起こった民族運動を取り上げながら、過去と現在における「仕方がない」意識に生徒を向き合わせてきた。日露戦争における日本の勝利に刺激され、ベトナムの独立運動家たちは日本に留学して、フランスからの独立をめざす。しかし日本政府は、フランスの求めに応じて日仏協約を結び、やがてベトナム人留学生も取り締まりを受けるようになる。この選択について生徒に意見を表明させてみると、中学生の場合、「日仏協約締結に応じるべきだった」と「拒否するべきだった」が半々くらいになっていた。高校生に同じことをたずねると、「応じるべきだった」がやや多くなり、大学生では九割が「応じるべき」とした。

ここで「応じるべき」とするときの根拠としてほとんどの生徒・学生に使用される言葉が「(当時

の状況では）仕方がなかった」である。積極的に「応じるべき」と考えているわけではない。けれども、結局は自身が植民地支配をする側の行動を肯定してしまうことを、自覚せざるを得ないがゆえに、「仕方がない」との言葉で折り合いをつけているのである。「拒否するべき」と答える側も、少数派であるがゆえに、単なる正義感の表明では「偽善」に過ぎなくなることを自覚せざるを得ない。よって、拒否することの方がなぜ「合理的」であるか、その根拠を、その後の歴史の展開の中に求め、自分なりの「歴史」解釈をつくりあげていく。

こうした討議を経たうえで、私は、日仏協約の締結後の経緯（ベトナム人独立運動家ファン・ボイ・チャウによる小村寿太郎外相への抗議文、ベトナム独立運動のその後、韓国併合、など）を解説した後、インドの独立運動家ネルーがこれをどう見ていたかを紹介した。

アジアの一国である日本の勝利〔日露戦争における日本の勝利のこと――筆者〕は、アジアのすべての国ぐにに大きな影響をあたえた。わたしは少年時代、どんなにそれに感激したかを、おまえによく話したことがあったものだ。たくさんのアジアの少年、少女、そしておとなが、おなじ感激を経験した。ヨーロッパの一大強国はやぶれた。だとすればアジアは〔中略〕ヨーロッパを打ち破ることもできるはずだ。ナショナリズムはいっそう急速に東方諸国にひろがり、「アジア人のアジア」の叫びが起こった。〔中略〕ところが、その直後の成果は、少数の侵略的帝国主義国のグループに、もう一国〔日本のこと――筆者〕をつけくわえたというにすぎなかった。そのにがい結果を、まず最初になめたのは、朝鮮であった（ネルー『父が子に語る世界歴史四　激動の一九世紀』大山聡訳、みすず書房、二〇〇二年、一八二頁）。

その後、私はネルーが、第二次世界大戦後、台東区子供議会による「上野動物園にゾウがほしい」との訴えに応じて、一九四九年にゾウを日本に贈ったこと、このゾウはインディラという名だったが、それはネルーの娘の名であったこと、先の日本を批判する文章はインディラに宛てた手紙であったこと、そして、ネルーはゾウを贈る際に次のような手紙を同封しており、その文章は上野動物園のゾウ舎前に今も掲示されていることを示した。

みなさん、このゾウは、わたしからではなく、インドの子どもたちから、日本の子どもたちへの贈りものです。世界じゅうの子どもたちは、多くの点でおたがいに似ています。ところが、おとなになると変わりだして、そして不幸なことには、ときどき、ケンカをしたりします。わたしたちは、このようなおとなたちのケンカをやめさせなければなりません。そして、わたしの願いは、インドの子どもたちや、日本の子どもたちが成長したときには、それぞれの自分たちのりっぱな祖国のためばかりではなく、アジアと世界全体の平和と協力のためにも、つくしてほしいということです。
ゾウというものはりっぱな動物で、インドではたいへんかわいがられ、しかもインドの代表的なものです。ゾウはかしこくて、しんぼう強く、ちからが強く、やさしい動物です。
わたしたちも、ゾウのもっている、これらのよい性質を、身につけるようにしたいものです。

みなさんに、わたしの愛情と好意をおくります（岩貞るみこ『ゾウのいない動物園――上野動物園ジョン、トンキー、花子の物語』講談社青い鳥文庫、二〇一〇年、一七九～一八〇頁）。

この手紙でいう「ケンカ」とは具体的には何か、なぜネルーは日本の子どもたちにゾウを贈ったのか。こうしたことを考えることで、それぞれが抱いた「仕方がない」意識を「歴史的に考える」ことにつながる、と考えたのである。

こうしたからといって、すぐに「仕方がない」がなくなるわけでも「むかつく」がなくなるわけでもない。しかし、誰かの犠牲を「仕方がない」とする意識は、一〇〇年前の日本においても、現在の私においても存在すること、そして、そのことが当時においても現在においても、他者から問い直されていることは、トゲとして刺さり、容易にはとれない。今後の学習では、このような他者からの問いかけにどう応えるかを考えることが、歴史を学ぶこととなる。そこには「正解」は用意されていない。未来にたいして責任をもって「歴史的に考える」ことになる。

7 「歴史」に出会い続ける

私たちは日常的に「歴史」に出会うわけだが、それは偶然であると同時に、他者から問いかけられているのである。幼少期の私が「歴史的に考え」られなかったのは、おそらく、秀吉という人物の評価を誰から問いかけられていて、誰にたいして応えようとするか、「歴史」を他者と共有しようとする意識が弱く、内に閉じたものだったからなのだろう。学校での歴史学習も、その目的が「正解」を越えて他者との未来に開かれるとき、児童・生徒が学ぶことの意味を自分で考えるようになり、教室に「歴史的に考える」ことが広がっていくだろう。

このことを私に教えてくれたのは、生徒である。二〇一六年五月、アメリカのオバマ大統領が、現職のアメリカ大統領として初めて、広島の平和記念公園を訪れ、演説をした。世論も、生徒たちも、歓迎ムードであったが、私は「世界史通信」で、栗原貞子の詩「ヒロシマというとき」（一九七二年作）を紹介した。

〈ヒロシマ〉というとき
〈ああ　ヒロシマ〉と
やさしくこたえてくれるだろうか
〈ヒロシマ〉といえば〈パール・ハーバー〉
〈ヒロシマ〉といえば〈南京虐殺〉
〈ヒロシマ〉といえば女や子供を
壕のなかにとじこめ
ガソリンをかけて焼いたマニラの火刑

〈ヒロシマ〉といえば
血と炎のこだまが　返って来るのだ
〈ヒロシマ〉といえば
〈ああ　ヒロシマ〉とやさしくは
返ってこない
アジアの国々の死者たちや無辜の民が
いっせいに犯されたものの怒りを
噴き出すのだ
〈ヒロシマ〉といえば
〈ああ　ヒロシマ〉と
やさしくかえってくるためには
捨てた筈の武器を　ほんとうに
捨てねばならない
異国の基地を撤去せねばならない
その日までヒロシマは
残酷と不信のにがい都市だ

私たちは潜在する放射能に
灼かれるパリアだ
〈ヒロシマ〉といえば
〈ああ　ヒロシマ〉と
やさしいこたえがかえって来るためには
わたしたちは
わたしたちの汚れた手を
きよめねばならない

（『日本の原爆記録⑲原爆詩集・広島編』日本図書センター、一九九一年、三七四頁）

これに対し、ある中学一年生が、以下のように投稿してきた。

この詩を読んで、私は、一番最後の「やさしいこたえがかえって来るためには　わたしたちはわたしたちの汚れた手を　きよめねばならない」というところが気になった。「汚れた手」というのは、侵略者としての日本の加害責任のことだそうだ。そう考えると、私は、「わたしたちは」と書いてあるところにも注目した。「わたしたち」というところには、私も入るのかな？　と思った。でも、「やさしいこたえがかえって来るためには」今の私たちが何かしないといけないから、やはり私もその中に入ると思う。

この生徒はすでに、問いかけを受けとめることで、ヒロシマの「歴史」について複数の角度から「歴史的に考え」始めていると言えるだろう。やはり、「歴史的に考える」ことに、早いとか難しすぎることはないのだ。そして、私がそうだったように、遅すぎるということもないはずである。

*　*　*

本章では、現在の日本の初等・中等教育において、「歴史的に考える」ことの学び方や教え方にはどのような特徴があるのか、そこにはどのような問題点があるのかについて述べてきた。そこで確認したように、そもそも現状においては、「歴史的に考える」ことが、教えられ、学ぶべき価値のあるもの、というコンセンサスが成立していない。むしろ学校は、その阻害要因ですらある。しかし、だからといって、児童・生徒も、教師も、「歴史的に考え」ていないわけではなく、その必要がないわけでもなかった。そして現に、「歴史的に考える」ことを教え、学び合う関係も、教室の中に存在していた。これらの共通点は、「歴史」を教室の外の日常生活に開いていることと、「歴史」を他者と共有しようとする姿勢であった。そのために必要なヒントも、示したつもりである。「歴史的に考える」ことの可能性は、私たちが「歴史」に出会い続ける限り、教室の中にも外にも、広がっているのである。

参考文献

家永三郎・小田切秀雄・黒古一夫責任編集『日本の原爆記録⑲原爆詩集・広島編』日本図書センター、一九九一年。

宇田川武久『真説鉄砲伝来』平凡社新書、二〇〇六年。

木畑洋一『支配の代償――英帝国の崩壊と「帝国意識」』東京大学出版会、一九八七年。

白石昌也『日本をめざしたベトナムの英雄と皇子――ファン・ボイ・チャウとクオン・デ』彩流社、二〇一二年。

鈴木亮『大きなうそと小さなうそ――日本人の世界史認識』ぽるぷ出版、一九八四年。

鳥越泰彦『新しい世界史教育へ』飯田共同印刷、二〇一五年。

鳥山孟郎『授業が変わる世界史教育法』青木書店、二〇〇八年。

鳥山孟郎・松本通孝編『歴史的思考力を伸ばす授業づくり』青木書店、二〇一二年。

ネルー『父が子に語る世界歴史四　激動の一九世紀』大山聡訳、みすず書房、二〇〇二年。

バートン、キース・C／リンダ・レヴスティク『コモン・グッドのための歴史教育――社会文化的アプローチ』渡部竜也・草原和博・田口紘子・田中伸訳、春風社、二〇一五年。

比較史・比較歴史教育研究会編『帝国主義の時代と現在――東アジアの対話』未來社、二〇〇二年。

『上野動物園百年史資料編』第一法規出版、一九八二年。

『社会科における実践的で学際的な教科内容構成学の構想試案――教科専門・教科教育・附属学校教員の連携モデルの開発』東京学芸大学特別開発研究プロジェクト二〇一八年度報告書、二〇一九年。

第7章　大学で歴史を学ぶということ

鹿住大助

1　大学の授業で歴史と出会う

本章では大学生という身分と期間にあって、どのように歴史を学べばよいのか、学ぶことができるのかを論じる。とくに、大学教養教育の歴史授業を通じた学びを中心に扱う。もちろん、大学生は自ら研究する主体であるのだから、自主的に歴史書を読んだり、他者の過去に接したりすることでも歴史を学ぶだろう。しかし、大学は教育機関でもある。大学の教師と学生が授業でつくり出す学びとは何かを知り、大学教育に臨むことも学生にとっては有益であろう。

ところが、初等・中等教育で学ぶ教科としての歴史教育とは異なり、これまで大学の歴史教育・歴史授業はほとんど研究対象になってこなかった。大学の歴史授業では何が行われているのか、どのような学びがあるのか、一般化して語ることが難しいのである。したがって、本章の記述には多分に筆者の経験に基づく記述があることを理解して欲しい。偏見をできる限り排するため、私の授業を受講してくれた学生の学びを数値や学生自身の言葉で再現することにしたい。

不幸な出会い

これは、私が担当した教養教育の授業での失敗談である。

授業科目名は「大学で学ぶ世界史」であり、その名のとおり大学生が世界史を学習する授業である。その際、教師と学生、学生と学生同士の対話を交えながら授業を進め、歴史を語る力、過去をふまえて他者と対話する姿勢を身に付けてもらうことを目的としている。授業には、文系・理系学部の別、高校までの学習経験の違いを問わず、毎年三〇～五〇名程度の学生が受講している（二〇一二年度の初開講時のみ一〇〇名を超えた。二〇一三～一六年度は二クラス同時開講）。

その日、私は学生たちに簡単な個人ワークと、ワークシートを使った隣席同士の対話を促しながら、一九世紀ヨーロッパ列強の植民地主義とオリエンタリズムについて講義していた。その序盤、「ヨーロッパ」と「アジア」について、学生自身が知らず知らずのうちに抱いているイメージを確認するために、次のような問いを出した。

私「「ヨーロッパ」と「アジア」、それぞれから連想する単語を三分でワークシートに書き出して下さい。思いつく限りいくつでも構いません。」

要は、東と西を対比的にとらえる言葉を学生から引き出して分類し、その後にオリエンタリズムの説明につなげるための導入部分である。「ヨーロッパ」と「アジア」、と指示している時点で、すでに対比的な回答を望んでいることが自明な「誘導尋問」であり、決して褒められた発問ではないことは自覚している。しかし、私のより大きな失敗はその後にあった。

三分の間、私は教室内を巡回し、学生がワークシートにどのような単語を書き出しているのかチェックしていた。ところが、ある学生の手が止まっていることに気が付いた。私は彼にどうしたのか、と尋ねた。

学生「先生、「ヨーロッパ」がよく分かりません。」

私「え？　……「ヨーロッパ」が世界地図のどの辺にあるかわかる？」

学生「いえ……。」

私「ええと、ほら、イギリスとか、フランスとか……ヨーロッパの国名は出てこない？　イタリアとか、ドイツとかサッカーの強豪国はヨーロッパに多いよね？」

学生「へぇ……。」

正直、私は面食らっていた。学生の偏見を正したいわけでも、オリエンタリズムとは何かを予習した上での答えを望んでいたわけでもない。「進んだ」でも「キリスト教」でも「ＥＵ」でも「地中海」でも何でもよい。何か思いつくイメージ・単語を列挙してくれればよかった。「ヨーロッパ」と聞いて何もイメージできない学生がいるとは想像していなかった。

問題は、その学生が大学入学前までに「ヨーロッパ」を学習する機会がなかったことではない。昨今の日本の大学では入試形態や受験科目が多様化しており、入学者が等しく同じ知識や能力を有しているなどという前提を設けていては、大学教育などできない。ましてや歴史学専攻の学生ばかりではない教養教育の授業では、知識に差があることは当たり前のことである。

問題は、私が「ヨーロッパ」をイメージさせようと学生に発した言葉である。面食らった私は、学生の口から「ああ、それなら知っています」という言葉を引き出したくて学生に誤った問いかけをしてしまった（しかも、そのどれもがかすりもしなかった）。

「世界地図のどの辺にある」という言葉は、おそらく、「ヨーロッパ」が地理的概念であり、世界地図上で一定の境界線によって描くことができるかのように受け止められてしまっただろう。また、私が列挙した国名を聞き、「ヨーロッパ」がいくつかの自明な国家を内包しているかのように感じたかもしれない。さらに、もし彼がサッカー好きの学生であるなら「サッカーの強豪国」という言葉によって、「ヨーロッパ」が現実世界のある指標において比較優位であるかのように理解したかもしれない。私は学生への問いかけによって安売りされている「ヨーロッパ」をイメージさせたか、せいぜいオクシデンタリズム（東洋における西洋イメージ）の再生産にしか役立たない指導をしたのだ。

もちろん、「ヨーロッパ」は人間が歴史的に創造し、作り替えてきた概念であり、自然な地理区分でもなければ、過去から連続的に存在する国家の集合体でもない。それを理解することが授業の目的であるにもかかわらず、である。

幸運な？　出会い

左は、同じ「大学で学ぶ世界史」の受講学生であり、理系学部に所属する学生が最終回の提出物（学習の振り返り）で記した言葉である。

> 今回の授業で、歴史についてや歴史を学ぶ訳が何なのか、自分なりに考えられたと思います。この講座を受講するまでは「歴史」という科目は座学ばかりで、しかもテストとなれば暗記ばかりで面白くないなと思っていました。しかし、この講座で授業を受けたり模擬授業をする中で歴史事象一つ一つに対して複数の見解があり、不思議と面白く感じていました。授業の終わりに、過去の見方は人によって異なるから互いに意見を共有することが大切であることに気付けたので、この講座はそれを実践またはそのきっかけになったと思う。

初回授業に行ったアンケート調査で、この学生は高校の世界史を「嫌い」だったと答えた。その理由は「時間と場所の流れやつながりがつかみづらくてわからなかった」からであった。また、上に記したように、この学生にとって歴史は「科目」の一つであり、「座学」と「暗記」を特徴とし、「面白くない」ものであった。しかし、この授業を通じて「過去の見方」が人それぞれであり、だからこそ「意見を共有することが大切だ」ということに「気づいた」とある。

また別の学生の提出物を見てみよう。次は文系学部に所属する学生である。

> 今回は、全一五回の授業のまとめだった。すべての授業を終えて、改めて歴史とは何か、世界史とは何か、そして歴史とどのように今後関わっていけばよいのかということを、改めて考えることができた。歴史は、生き物のようなもので、今後もどんどん新事実が出てくれば、変わっていくだろうし、視点によってもかわっていく。そのような歴史に自分の考えをしっかり持って、かつ真実を見逃さないように歴史に向かい合っていかないとなぁと感じた。来年度から歴史に本格的に、専門的に関わっていくことになるが、今回の授業で学んだことをしっかり胸に刻んでおきたい。

この学生は、二年生から歴史学のコースに配属され、大学の専門教育で歴史学を修めることになった。アンケート調査では、「元々日本史が好きで、世界史にも興味があったから」、高校世界史は「好き」だったと答えている。彼がこの授業で学んだことは、歴史と向き合う姿勢である。とくに最終回の授業では歴史が修正された事例についても講義したので、歴史を「生き物のようなもの」にたとえ、「自分の考えをしっかり持って、かつ真実を見逃さないように」向き合いたいと語った。

この二人の学生はいずれも大学入学間もない一年生であるが、「大学で学ぶ世界史」という授業で歴史と出会い、それぞれに何かを学んだ。先に記した失敗談を持つ教師としては、何か学んでくれてよかったと安堵してばかりはいられない。二人の学生の学んだことは、教師の意図どおりだったのだろうか。この授業で私が強く意図していたことは、「歴史を語る」行為を繰り返すことであり、歴史について他者と「対話する姿勢」を獲得することである。文系学部の学生が記した「真実の探求」は専門的な姿勢としては正しいかもしれないが、この授業の意図を超えた学びである。さて、喜んでよいものだろうか。

大学に限らず、教育とは学習者に新しい知識を獲得させたり、行動・態度を変容させたりすることを目的として行われるものである。したがって、大学の歴史授業においては、学習者は教師によって意図され、計画された状況の中で歴史と出会うことになる。目的にたいして教師が不適切な指導をした結果、歴史と不幸な出会いをすることもあれば、失敗ばかりの教師の授業であっても幸運にも何かを学ぶこともある。幸／不幸を分けるのは、教師の教育的な意図や計画にたいして適切な学習が行われたか否かであり、また、学習者自身の過去の学習経験の上に何かが積み上がったり、認識を新たにするものがあったか否かである。

なお、自戒を込めて記すが、もちろん教師が学習者を「運」に委ねてはならない。教師は教育的意図を持ち、学習者がそこに至ることができるような教育方法を用いなければならない。また、教師は教育的意図にたいして、学習者がどのように学んだかを把握し、評価できる方法を用いる必要がある（先の二人の学生については、「対話する姿勢」を授業時間中のペアワークやグループワーク、発表の様子で観察し、評価した）。

2　大学生は「歴史的に考える」ことができるのか

大学生は、大学という教育機関に在籍する間に、教師が意図した授業の中で歴史に出会う。その他にも、友人との会話やアルバイト先で自らの過去を語ったり、他者が語る過去に向き合うこともあるだろう。しかし、そのとき、誰もが「歴史的に考える」ことができていると言えるだろうか。ここでは、とくに歴史授業の場を問題にしたい。大学で歴史の授業に臨む学生たちは、歴史をどのようなものとして理解しているだろうか。

大学生へのアンケート調査から

以下に記す内容は、「大学で学ぶ世界史」で、学生たちにアンケート調査を行った結果に基づいている。この授業は教養教育の選択科目の授業であり、また、単独の大学における調査であるため、調査対象者には偏りが生じているだろう。また、調査対象者も少数である。したがって、以下で紹介する学生の声が、日本全国の大学生の傾向を一般的に反映しているとは考えていない。限定的な個別の事例として提示するまでである。

この調査は、二〇一四年度と二〇一七年度の授業で実施し、一部共通の設問を用いて行った。回答者数は両年度を合算すると八六名である（二〇一四年度 五四名、二〇一七年度 三二名）。年度の違いはあるが、共通設問への回答結果をまとめて提示することにしたい。

歴史学習の「好き／嫌い」

まず、アンケート調査では、高校の世界史（A・B）学習が好きであったか否かを問うた。回答の選択肢は「一　好き」「二　嫌い」「三　どちらでもない」の三つである。図7－1のグラフがその集計結果を割合にしたものである。

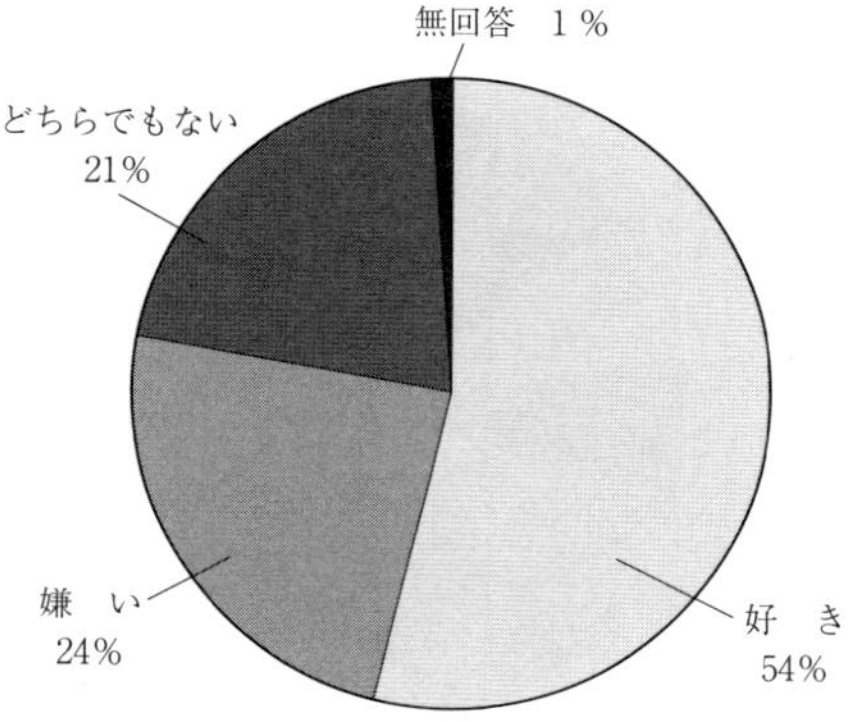

図7－1　世界史学習の「好き／嫌い」（問1「高校の世界史（A・B）学習は好きでしたか？」への回答）

「好き／嫌い」を最初に問うたのは、「好き」や「嫌い」を要素に分解して具体的に聞いていくのではなく、その学生が歴史（ここではとくに世界史）の学習を、全体的なイメージとしてどのようにとらえているのかを確認したかったからである。

人数でいえば、「好き」が四六名、「嫌い」が二一名、「どちらでもない」が一八名、無回答一名である。「好き」と答えた学生が半数を超えている一方で、「世界史」の授業だと銘打っているのに、「嫌い」「どちらでもない」という〝チャレンジング〟な学生も半数近くいる。

調査用紙には自由記述欄を設け、その理由を箇条書きで

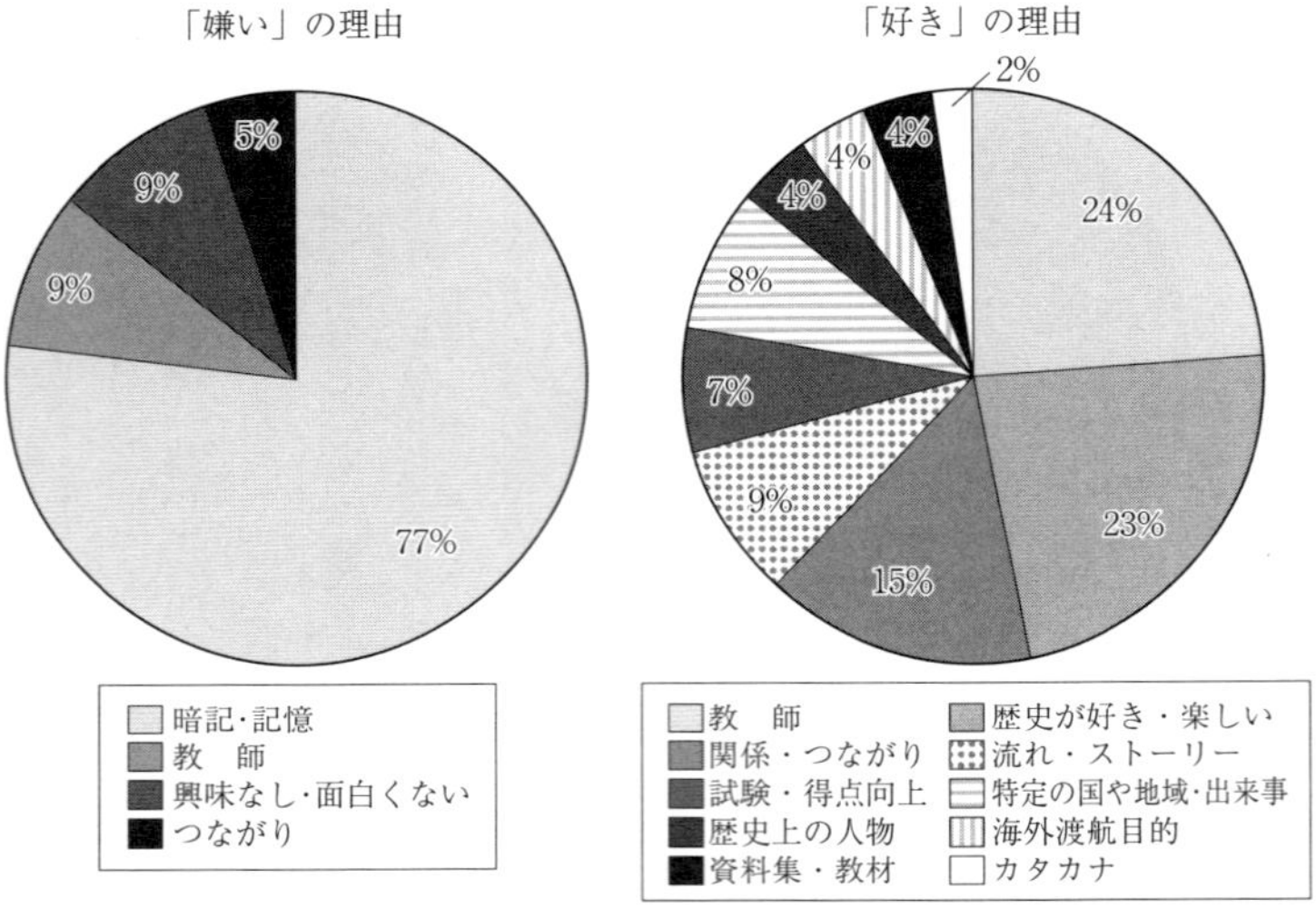

図7－2　世界史学習の「好き」および「嫌い」の理由

記してもらった。三つの選択肢それぞれについて、どのような理由が多くあがっていたのかを筆者が分類したものが図7－2の円グラフである。なお、無記入の学生や、一人で複数の理由をあげている者もいるので、「好き」「嫌い」の回答者数とは一致しない。

まずはじめに「好き」と答えた学生の回答結果である。

「好き」の理由として最も多くあがっていたのは「教師」である。「先生がおもしろかった」「先生の教え方が上手く、もっと深く知りたいと思ったから」など一三名が高校時代の教師を世界史学習が好きになった理由としてあげている。教師の存在やその指導法は、歴史学習の意欲にプラスの影響を大きく与えていることがわかる。

次いで多いのは「歴史が好き・楽しい」であ

り、これらはなぜ「好き」なのかの説明にはなっていないが、「高校世界史だから好き」なのではなく、それ以前の義務教育課程で学んだ歴史や教科としての日本史、歴史小説なども含めて「歴史が好き」な学生であり、自己の資質が理由であるということだろう。

そして、次に「関係・つながり」と「流れ・ストーリー」が続く。これらは世界史における空間的な関係性、時間的な変化や因果関係がわかって好きになったという学生たちである。「一つ一つの地域だけでなく世界全体がそれぞれの歴史とつながっており、一種のファンタジーを読んでいるように面白かったから」と答えた学生の思考の中では、教科書や教師が語る世界史は、場面や登場人物が入れ替わりながらも、一続きの物語のように再構成されているのだろう。

「試験・得点向上」というのは、たとえば「覚えた分だけテストで点数が取れたから」という回答のように、暗記学習の成果が試験結果に結びついたことに面白さを感じた、という学生たちである。他には、国や地域、人物など個別の歴史学習の題材が好きだったことをあげた学生が一二パーセントいる。

一方で「嫌い」と答えた理由を分類すると図7－2の左のグラフのようになる。「好き」の理由と比べて一目瞭然だが、きわめてシンプルな円グラフになった。「教師」や「興味なし」と答えた学生はそれぞれ二名、「つながり」をイメージできなかったことを理由にあげた学生が一名であり、それ以外は全て「暗記・記憶」中心の学習を「嫌い」な理由にあげた。

先に見た「好き」の理由として「試験・得点向上」をあげた学生は、暗記学習が試験結果の得点向上につながったことをおもしろいと感じることができた「幸運な」学生である。何の成果につながるかわからずに暗記を繰り返すことは、賽の河原で石を積み上げさせられ続けるに等しい。筆者は学習量と学力の相関を否定しないが、今後も歴史（学習）に向き合い続けることになる高校生に、短期間に量ばかり詰め込んで向き合う意欲を喪失させては本末転倒である。

しかも、受験対策としての暗記中心の歴史学習は数十年来批判され続けてきている。改善しない理由を、高校教育の現場や教育制度のせいにしたり、大学の歴史研究者が作問する入試問題のせいにしたり、受験産業のせいにしたりするのはもうやめてはどうか。そういうものだと正当化（＝敗北宣言）してあきらめるか、センター試験の歴史科目を廃止して個別入試で歴史面接試験を実施するか、学校教育課程に組み込まれた必修教科としての歴史そのものの存在意義から問い直すぐらいしなければ、この学生たちは自らが納めた苦役を承知できないだろう。

最後に「どちらでもない」と答えた学生は少数であるが、数だけ紹介しておく。「記憶がない（四名）」「受講していない（三名）」「世界史学習は好き、暗記は嫌い（二名）」「西洋史／東洋史のどちらかが好き・嫌い（二名）」「歴史は好きだが、教師が嫌い（一名）」「たいくつ（一名）」が理由としてあがった。必修科目を「受講していない」「記憶がない」と答える学生が一定数大学に入学する現状は、「歴史総合」が二〇二二年度から実施されても変わらないだろう。たとえ必修化が徹底されたとして、生徒の記憶に残る教科であることとイコールではない。ただし、「世界史未履修問題」や「歴史総合未履修問題」の責任を高校教育に押しつけるべきではない。大学進学率が五〇パーセントを越える現在にあっては、そのような学生がいることを大学の歴史教育の課題として受け止めるべきである。

歴史授業の方法と「好き／嫌い」

次に検討するのは、「高校世界史を下のような授業方法で学習したことがありますか？　当てはまる欄に〇をして下さい」という設問への回答である（図7-3）。

この設問の意図は、高校・大学教育を問わず「アクティブ・ラーニング」が唱導され、次期学習指導要領で「主体的・対話的で深い学び」という言葉で学習者中心の授業設計が求められている現状にあって、世界史授業時間中の学習活動がどのようなものであるかを知るためである。「教科書や副読本に基づく講義・板書」「教師が作成したプリント教材の配布」の選択肢は、学習の形態としては活動性が低いものであることを、「グループワーク」以下の選択肢については、より活動性が高い授業であることを想定している。なお、あらかじめ断っておくが「活動性が低い＝悪い授業／活動性が高い＝良い授業」ということではない。

次に、さきほど検討した歴史学習の「好き／嫌い」別に回答を分けてみる。

サンプル数が少ないため明らかに差があるとは断言できないが、図7-4のグラフからは「好き」と答えた学生は、「嫌い」と答えた学生よりも、高校の世界史学習で活動的な授業を経験している（あるいは、それを記憶している）割合が高いことがわかる。

この調査事例からは、「歴史学習が「嫌い」な学生は、活動性が高い授業を経験しなかった」は成

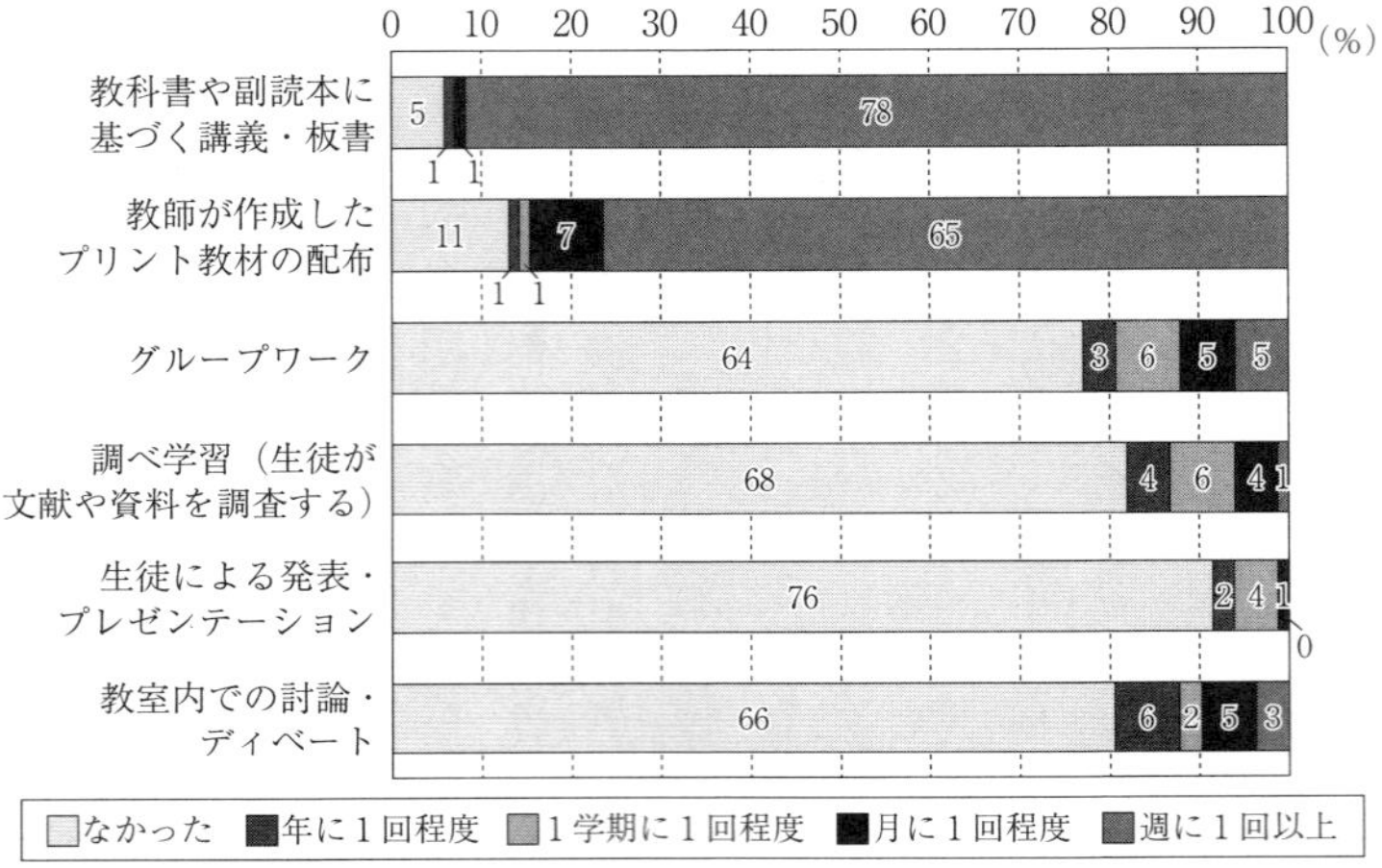

図7－3　高校世界史で経験した授業方法（問2「高校世界史を下のような授業方法で学習したことがありますか？」への回答）

り立つかもしれない。彼らのうち、八五パーセントは活動性が高い授業を全く経験したことがない（あるいは、それを記憶していない）のである。誤解のないよう念のため記しておくが、「活動性が高い授業を経験しなかったから、歴史学習が「嫌い」になった」わけではない。「好き」と答えた学生であっても、活動性の高い授業を経験した学生は全体の四〇パーセント以下である。

　つまり、「歴史学習が「好き」な学生は、活動性が高い授業を経験してきた」は成り立たないのだ。ここでは教師の立場で、「多様な授業方法を用いることで一定数の生徒が「好き」になる可能性を高めることができる」と解釈した方が適切だろう。もし、教師が、歴史を「好き」な生徒や学生を少しでも増やしたいと考えるのであれば、授業の方法を工夫し、生徒や学生の授業時間中の活動性を高めるべきである。

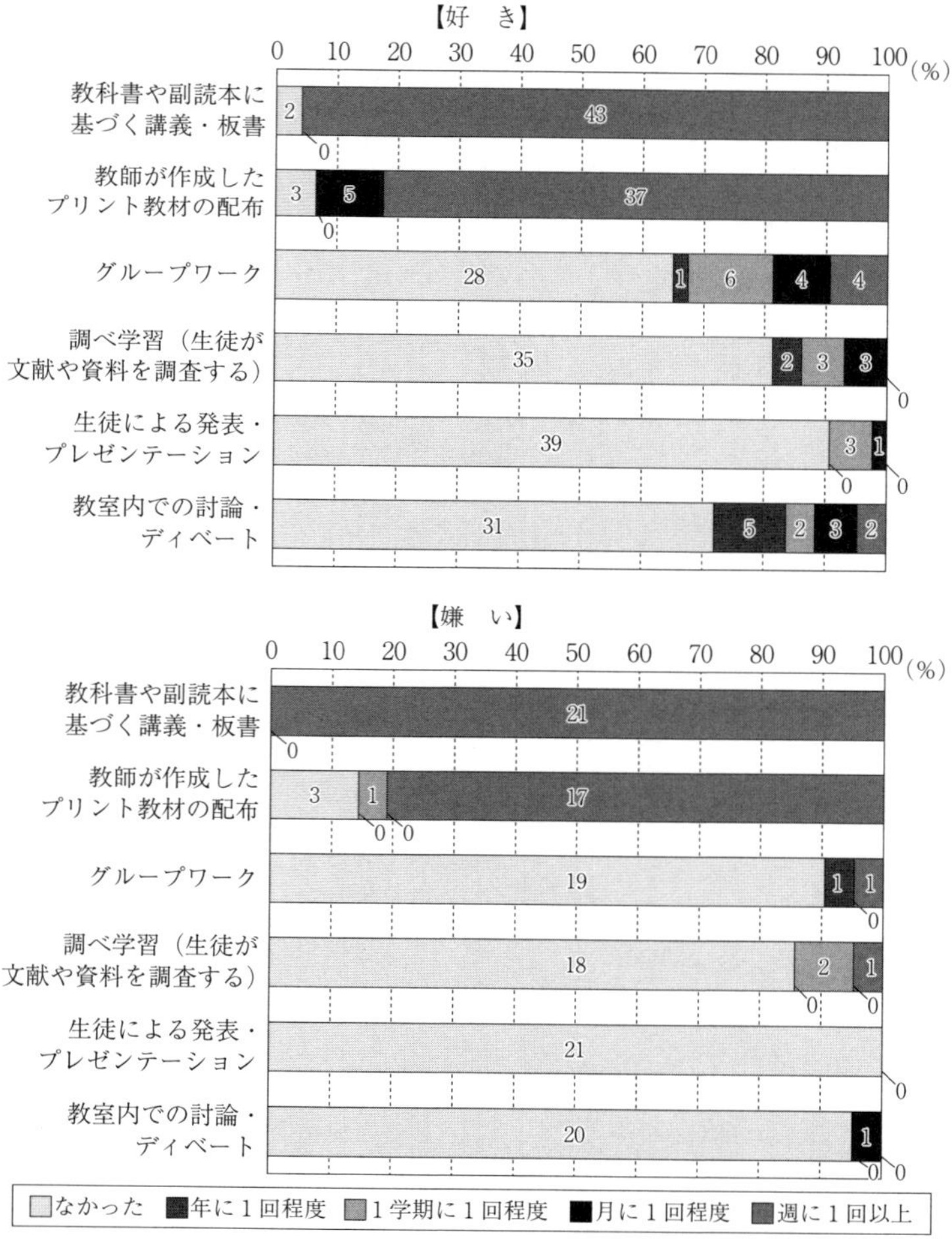

図７－４　高校世界史で経験した授業方法（世界史学習の「好き／嫌い」別）

大学生はどのような歴史学習観を持っているか

ここまで、世界史学習の「好き／嫌い」で学生を区分してきた。今さらではあるが、「好き」だから教科としての歴史ができるようになる、歴史家としての資質がある、といいたいわけではない。仮に「好き」の程度が測定できたとしても、歴史の学習成果の何と相関があるのかは自明ではない。また、「好き」は歴史学習に自ら向かおうとする学習意欲の必要条件かもしれないが、十分条件ではない。学習意欲は、集中できる環境であったり、クラス内の仲間や教師との人間関係であったり、達成感の積み重ねであったりと複数の条件によって高まるとされているからだ。

「好き／嫌い」を左右する要因は、学習の結果として歴史にたいする自らの理解が深まったという実感であったり、教師やその授業方法、受験勉強の方法であったことを確認しておきたい。しかしながら、どのような学習方法によって、自らの理解度が高まると考えているのか、どのような学習（教授）方法をとる教師が好ましいと考えているのかはまだわからない。次に、特に授業時間中の歴史学習の方法について、学生たちが持っている学習観を検討することにしたい。

①「大学で学ぶ世界史」の実践

検討材料となるのは、先ほどから事例としている二〇一四年度の「大学で学ぶ世界史」の授業一二回目でとったアンケート調査である。最初に述べたように、この授業では授業時間中にできるだけ受講生が歴史を語る時間を多く取ることにした。その理由は、彼らは歴史を記憶する行為には慣れていても、語る行為には慣れていないのではないかと考えたからだ。

歴史が成り立つために必要な行為をきわめて単純化して言えば、まず、過去の人間が後の世にとっては史料となる何かを「つくる（残す）」。現在の人間がその史料を用いて過去を再構成して「語る」。そして、現在・未来の人間が、語られた歴史を「記憶する」。少なくとも、この三つの行為が時間軸上で行われなければ、歴史は成立しない。そうであるならば、私が語って学生が「記憶する」活動ばかりをするよりは、「語る」活動を取り入れた学習をした方が、実際の歴史的行為に近いのではないか、と考えたのである。

二〇一四年度の授業では、一五回の授業を大きく二つに分けた。

第一のパートは、三回目から九回目までであり、重要なトピックだけに限定されるが、古代から第二次世界大戦後までの通史学習を行った。その意図は、受講生間の知識の差を少しでも埋めることと、世界史の全体像・ストーリーを把握することである。通史の授業回については、教員によるスライドを投影しながらの講義と、簡単なワークによって対面授業を進めた。

ワークでは、毎回二、三問の設問が記されたワークシートを配布した。たとえば最初に述べた「ヨーロッパ／アジアと聞いて連想するものは？」といった簡単な設問から、前週に配布した予習資料の内容確認、歴史的な出来事に対する自分なりの解釈を記すものなど、各問三分から五分程度時間をとって授業時間中に回答させた。また、回答後は隣の席同士で意見交換した後に、何人かの回答を受講生全体に発表し、共有を図った。なお、講義とワークの時間の割合は、七対三程度である。通史

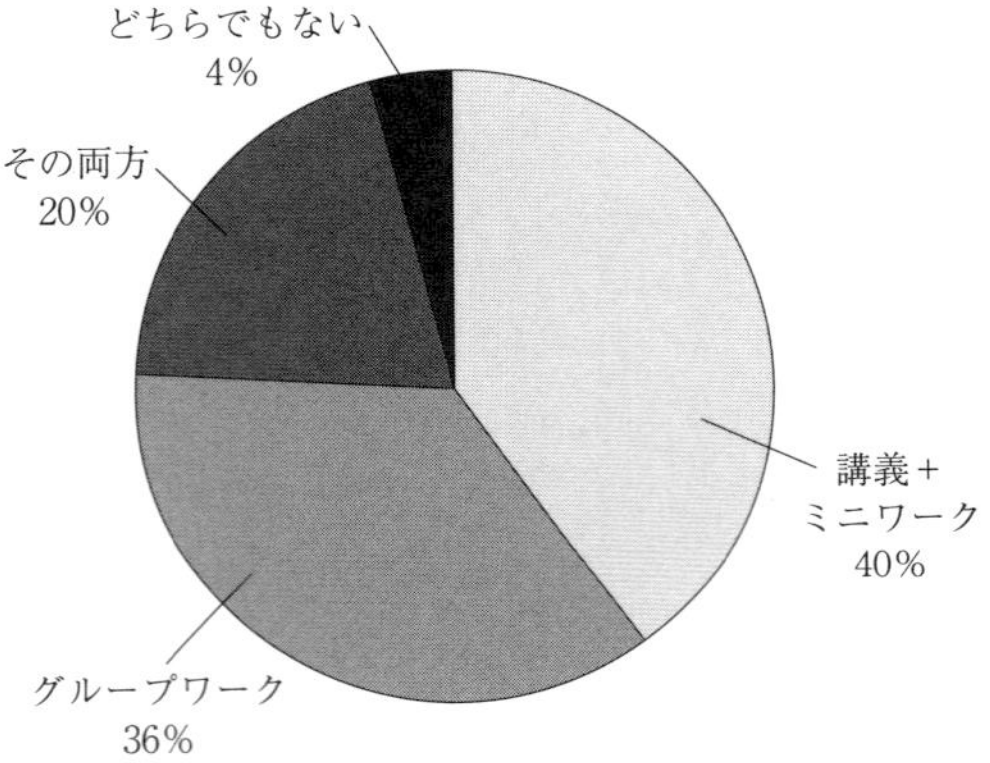

図7－5　学習方法の嗜好（問7「講義＋ミニワークの授業と，グループワーク中心の授業のどちらの方が面白かったですか？」への回答）

パートについては、学生に事前学習用の資料を配付し、次週までに読んでから授業に臨むよう指示したが、予習してくる学生は少なかった。

第二のパートは、授業後半、一〇回目から一四回目までの「世界史のまなざし」である。このパートではより活動的な学習方法を取り入れた授業を実施した。一一回目から一四回目まではジグソー法によって、分割された資料に記された内容を統合していくことを試みた。資料として川北稔『砂糖の世界史』（岩波ジュニア新書、一九九六年）を用い、章を分割して分担を決め、環大西洋世界が砂糖の生産・貿易・消費によって接続していく様をグループワークで再構成させた。

そして一〇回目と一一回目、比較史の方法について学習する授業回で「反転授業」を実施した。その意図は、授業時間外の時間を活用し、事前学習による知識獲得をある程度担保すること、対面学習における学習者相互の対話に時間をかけ、出来事の解釈と意味づけを行うためである。学生はオンライン上の講義動画と資料をあらかじめ視聴し、課題への回答を準備する。教室では、グループワークでそれぞれの見解を主張した後にまとめ、他のグループに説明するという学習方法をとった。

②　受講生の歴史学習観

一二回目の授業でアンケート調査を行ったのは、この「反転授業」の効果を調べることも目的の一つとしてあった。調査項目の一つとして、二回目から九回目、および一二回目の【講義＋ミニワーク】の学習方法と、反転授業を行った一〇回目・一一回目の【グループワーク】の学習方法のどちらが面白かったかを尋ねた。その結果は図７‐５のグラフである。

「グループワーク」(三六パーセント)、あるいはグループワークと講義＋ミニワークの「その両方」(二〇パーセント)と回答した学生を合わせると五六パーセントであり、事前学習による知識習得と対面授業での能動的学習の組み合わせによる反転授業は、学習方法としてはある程度学生に理解されているとも解釈できる。ただし、受講者の四〇パーセントは「グループワーク」よりも「講義＋ミニワーク」で進めた授業回の方が面白かったと回答した。学生の嗜好は数値上、二つに分かれたことになる。

さらに、このように選択した理由に関する記述があった回答について次にまとめる。

【講義＋ミニワーク】を選択した理由

- 今グループの中の意見ではなく、全員の意見をシェアすることができます。
- グループワークだけで何となく人はそれぞれで意見が多くて正確かどうか迷います。講義＋ミニワークなら授業で勉強できる知識が多いです。それにミニワークもあってみんなと意見交換などはできます。

・個人の方が気が楽
・自分の意見を皆と共有してすばやくまとめるのが苦手なので。
・世界史を受けたことがないので新鮮でした。
・先生の説明がわかりやすいため。
・ちゃんとした知識を教えてもらえるから。
・予習時間が少なくてすむから。
・歴史上の出来事についてより多く知ることができるから。

【グループワーク】を選択した理由
・個人がどのように歴史をとらえているのかが分かったから。
・他人の意見を多く聞けるから。
・他の人と意見交換することが楽しかった。
・歴史の捉え方について、いろんな考えを聞くことができたから。
・レベルが高い人とかもいてその人たちと一緒になったりすると苦しくて、話していることがわけわからなくてあまり楽しくなかったけど、そういう人たち以外の人たちとなったとき、話し合うなかで、いろんな意見をきけて、新たな発見をすることができたから。

【その両方】を選択した理由
・初対面の人と話す中で自分にはない視点を知ることができとても新鮮に感じられました。

・世界史なら何でもおもしろいから。
・それぞれ違った楽しさで、自分以外の意見を聞ける機会があるのも良いなと思ったから。ただ、グループワークだと時々、周りの意見に乗っかって自分ではできていない事もありそうなのでどちらもした方がメリハリがあって良いかなと思う。
・どちらも高校とはちがい自分で考えるものなのでおもしろいです。

「講義＋ミニワーク」を選択した学生にみられる意見の中には、グループワークが苦手という意見のほかに、世界史の「正しい」知識をより多く知りたいという欲求があった。彼らは、知識は他者との対話を通じて構築するのではなく、教師から教わるものであり、それこそが「正しい」ものであると認識している。彼らにとって世界史学習は、活動的な場において行われるものというよりは、知識伝達型の講義の方が適切なのである。

他方で、「グループワーク」や「その両方」を選んだ理由には、他者の視点や意見を発見できることが楽しいという回答が多い。このように回答した学生の中には、他者と話し合う行為そのものを楽しんでいる者と、話し合いの中で知識を構築していくことが楽しいと考える者がいると考えられるが、今回の調査結果からはそれは十分には区別できない。ただし、彼らにとっての世界史学習は教室内での活動的な学習形態の方がより興味を持って学べるのであろう。

3　「歴史的に考える」ために大学で何ができるのか

それでは前節で確認したように「正しい歴史の知識」を得ようとする学生たちの現状をふまえて、大学でどのような学習ができるのかを考えてみたい。

歴史の「修正」がなぜ起こるのか

大学入学前の歴史学習が「正しい歴史の知識」を得るためのものだったと感じている人は、それがどのように「正しい」のかを考えてみることが、大学での歴史学習を深めるための第一歩であろう。他者が語る歴史の「正しさ」が理解できない（納得がいかない）場合、歴史の修正が起こる。

物語られた歴史 history は、見直し＝修正 revision の可能性につねに開かれている。見直し＝修正を拒否する歴史は、イデオロギー的に絶対化された歴史である。だから修正主義 revisionism という言葉も、かつては必ずしも悪い意味ではなかった。ところが近年では、「歴史修正主義」という言葉はほとんどいつもネガティヴな意味で使われ、批判の対象に付けられるべき名前となった。「ホロコースト（ナチス・ドイツによるユダヤ人大量殺戮）などでっち上げ」「ナチ・ガス室はなかった」などと主張するホロコースト否定論者たちが、みずから歴史修正主義者 revisionist を名乗って活動していることが大きい（高橋哲哉『歴史／修正主義』岩波書店、二〇〇一年、ⅱ頁）。

高橋が述べているとおり、歴史は常に修正の可能性に開かれているし、そうでなければならないものでもある。なぜなら歴史は科学的な営みだからである。そして歴史は「誰かが語った過去」であり、「過去そのもの」ではないからである。

歴史は、自然科学と同じく、その説が反証される可能性を有している。反対に言えば、反証不可能なものは歴史と呼べない。「フランス革命は一七八九年に起こった」という歴史は「一七八九年よりも前、あるいはそれ以後に起こった」ことを反証できれば、修正される。「フランス革命は一七八九年に神によって起こされた」という説があったとすれば、「神」という存在を反証できないので歴史にはならないのである。

そして、「過去」は一回限りの経験であって、再現が不可能であり、観察したり実験したりして再確認できないという特徴をもつ。「一七八九年」は間違いなく人類が経験した過去であるが、それを再構成して歴史として語るためには、一七八九年の観察者の記録に頼らざるを得ない。語ろうとする歴史にたいして、過去に作られた記録が多ければ多いほどそれを一人の歴史家が網羅的に収集して再構成することは困難になり、少なければ少ないほど過去を再構成すること自体が困難になる。また観察者が残した記録には、観察者のバイアスが加わることもあれば、それを読む歴史家のバイアスが加わることもある。

歴史は常に反証可能性をもつのだから、新史料・新事実が発見されたり、観察者の記録に加わったバイアスを別の史料の記述に基づいて取り除くことができたりして、解釈に変更を迫るような出来事が起こったとき、歴史は修正されるのである。さらには、上の引用文にある「ホロコースト否定論」のように、戦争責任にたいする政治的意図やイデオロギー的背景をもつ言説によって歴史の修正が試みられることもある。修正とは、歴史の日常的な営みなのである。

このように一般論として歴史の修正が起こるのだと聞くと、それは「歴史の専門家」の仕事であって、大学生の学びには関係ないと思うかもしれない。また、社会や学校、少なくとも授業が行われる教室において、教師は権威をもつ存在であり、さらに歴史の専門家が執筆した教科書をもって学習者を指導する。それを学習者が修正するなどということは現実的ではないと思うかもしれない。

しかし、大学の歴史学習の過程においても、修正の萌芽がみられるのである。

歴史学習の可能性——教師の意図からの逸脱

再び筆者が担当した授業を話題にする。二〇一七年度の「大学で学ぶ世界史」の受講者の「振り返り」（毎授業後提出、「自己の学習を振り返りながら、今日の授業で学んだこと、考えたことを記して下さい」）から、教師が意図した学びと、彼らが学び取ったことのズレを提示する。

二〇一七年度の授業の六回目は帝国主義の時代の導入部であり、「帝国主義」という言葉の意味や使われ方、東アジアの華夷秩序と近代ヨーロッパ世界秩序（五回目に主権国家体制や世界システムを学習した）とがどのように遭遇したのか、どのように違っていたのかを講義とワークで学習した授業回であった。授業時間中のワークでは、清朝の乾隆帝にイギリスのジョージ・マカートニー使節団が謁見する様子を描いた絵（イギリスで描かれた風刺画）から、登場人物のセリフを想像し、どのような場面であったのかを記すワークをした。別のワークでは南京条約（中国語版の翻訳）の一部や、イギリスの対インド・中国貿易の推移、『ミッチェル報告書』に記された中国の綿産業の記録を提示し、アヘン戦争の結果としてイギリスは清朝をヨーロッパの世界秩序に組み込むことに成功したのかどうか、その評価を問うた（このワークは同僚教員の助言、教材提供を受けて実施したワークである）。また、ワークの前には帝国主義の一般的な定義や時間軸上の位置づけ、列強による世界の分割についても講義している。

この授業の「振り返り」に寄せられた三人の学生のコメントを取り上げる。

【学生A】（高校で世界史Aを受講、センター試験は世界史を受験せず、世界史は「好き」）

今回の講義を通して、帝国主義とは何か、その語源や意味、どのような国が帝国主義を行っていたのか、いつの時代に全盛期を迎えたのか知ることが出来てよかったです。また帝国主義により交通・貿易・通信の発達、ヒト・モノ・カネ・情報の世界的流通・移動が起き、列強間の世界分割をめぐる争いが起こり、植民地の支配と搾取があったことが分かりました。また植民地はある集団・その一部が従来の土地を離れて新たな地域に移住し、そこで形成する社会であり、年代によって形態が変化していることが分かって興味深いなと思いました。他にも東アジアとヨーロッパでは社会秩序に大きな差があり、その差が現代社会にどのように影響しているのかも気になりました。

【学生B】（高校で世界史Bを受講、センター試験は世界史Bを受験、世界史は「好き」）
今回の授業ではこれまで以上に自分で想像する、資料から推論するという機会が増えたためこれまでに学習した知識を改めて整理し、理解を深めることができたように思います。授業を受ける前は帝国主義の時代の出来事については高校時代に他の単元よりも深く学習したと考えていましたが今回の授業で改めて学習してみてそれぞれの出来事の背景や相互の繋がりなどをより深く理解することができたように思います。

【学生C】（高校で世界史Aを受講、センター試験は世界史を受験せず、世界史は「嫌い」）
帝国主義について勉強しましたが、力のある国々が植民地として世界各国を支配するという自分のイメージそのままでした。さらに詳しい国々を聞くとこれらが現代の世界に大きく影響していると思いました。現在主要な国はこの時からしっかりと力を持ち、経済、軍事力をしっかりと保持しています。逆に支配されていた国ではある程度成長した国もありますが、今でも第一次産業にとどまっているところが多いです。このことから国の成長にはこのようなことも必要なのかなと思いました。しかしもう一度このような世界になってしまうのもどうかとも思います。最近では核保有の話でもめていますが、今日帝国主義だと名乗りをあげると一九世紀以上の混乱を招くに違いない。考えとしてはありだと思うが、やはり実際には難しい話である。

当然のことではあるが、同じ授業を受けたからといって、個人が授業から「学んだこと」まで同じになるわけではない。

【学生A】は、教師が語った定義等、帝国主義に関する諸情報を「知ることが出来てよかった」と感じた。ここに記されている言葉は、ほとんどが教師の言葉であり、また、教材に記した文字である。この授業を通じて【学生A】が「学んだこと」は、教師の言葉から帝国主義に関する新たな知識や概念を獲得したことであると、自己の学習を評価している。

【学生B】は、帝国主義については「高校時代に他の単元よりも深く学習した」と考えていたが、「自分で想像する、資料から推論する」という授業時間中の学習行為を取り上げ、その結果として「理解が深まった」と書いている。【学生B】の自己評価は、ワークで自分が想像したことや考えたことを通じて、既存知識としてあった帝国主義をより深く理解できたことに重きを置いている。

【学生C】は、「力のある国々が植民地として世界各国を支配する」のだというイメージを持っていたようであり、この授業で帝国主義を学んだ結果、自分の思うとおりであったと再認識している。【学生C】はさらに思考を飛躍させ、現在の世界体制が帝国主義の時代の影響を受けており、さらには「国の成長にはこのようなことも必要なのかな」「今日帝国主義だと名乗りをあげると一九世紀以上の混乱を招くに違いない」との学びを得ている。

なお、ここにあげた【学生A】【学生B】【学生C】は、授業時間中のワーク「アヘン戦争の結果、イギリスは清朝をヨーロッパの世界秩序に組み込むことに成功したのか」の問いにたいしては、同じく根拠を述べて「成功したとはいえない」と答えている。この回答は、その授業時間中の教師による講義と、ワークで提示された資料を正しく読み取ることができていると評価できるものであった。授業時間中の課題への回答としては全員が正解である。

学習者は、教師が意図した「学ぶべきこと」（そこにどの程度まで到達できたかを教師が評価する）を超えて、あるいはそこから逸脱して、「学んだこと」を獲得する。それはすでに構築された自己の学習観や知識体系に基づいて、歴史授業という現象を観察し、理解しようとした結果である。教師の意図とも、他の学習者とも一致することのない固有の経験の積み重ねの上に「学んだこと」は存在する。

この不一致、全体として見た場合のクラス内の多様性が、歴史学習を活性化させる原動力にもなる。二〇一七年度の授業後半（一一～一四回目）では、三人一チームをつくり、一四回目授業で各チーム一〇分間の世界史の授業をすることを目標に、授業テーマ設定や調査、授業準備を行った。一一回目の授業では、チームをつくり、まずは現在と過去にたいする関心の共有（現在／過去それぞれについて、関心のある事柄を各自列挙し三人で共有→カテゴライズ）を行った。次は、その「振り返り」で【学生A】が記したコメントである。

【学生A】が六回目の授業で「学んだこと」は個人的な知識の獲得であり、教師の言葉を身につけることであったが、今回は多様な視点や関心の違いを実感することの面白さを、ワークを通じて感じ取ったようである。そして、個の違いをどのように「自分たちの班らしい意見や視点、考え方」に集約して、今後の世界史授業の準備につなげるのかで話し合いが進んだとある。

【学生A】
今回の講義では、チームを組んでほかの学生とワークをしました。前半では現在気になる事柄についてブレストを行って、自分があまり気にしてなかったことを書いている人がいたり、今回のブレストを通してより人との視点の違いや関心の違いについて実感することが出来て面白かったし、良かったです。後半では歴史的な事柄について、気になることなどを挙げました。その際にも自分と違うことを勉強などしていることで、気になっていることなどが違い、今後のワークにどのようにつなげるのかという話も盛り上がりました。授業を自分たちで行うということに関しては、初めての取り組みなので、不安が大きいですが、ほかのメンバーと協力していいものにしたいと思います。その中で、自分たちの班らしい意見や視点、考え方などを出し、ほかの人がこの授業を受けてよかったな、と思ってもらえるようにしたいです。

【学生A】のチームはその後、「中国三大悪女」を取り上げ、なぜ伝統中国の歴史上で権勢を振るった「悪女」はいるのに「悪男」はいないのか、権力を求める女性はその時点で悪なのか等、自ら問いを立てて一〇分間の授業を行った。高校世界史の教科書上に「悪女」も「悪男」も登場しないが、教科書とは異なる視点から中国史の解釈を試みたのである。

大学でどのように歴史を学習するか

このように、大学の歴史授業では、受講者の学習経験と関連して、教師の教育的意図から逸脱した学びが生じる。結果として、学生が「学んだこと」は多様であった。学習者の多様性は歴史的な対話を活性化させ、教師の語った歴史とは違う気づきを得ることにもなる。教師には、学習者の多様性を活かすような授業設計・運営が求められるだろう。

一方で学生はどのように学べばよいだろうか。

第一に、「正しい歴史」を記憶する行為を重視したり、教師や教科書の「正しい知識」を吸収しようとする学習を繰り返したりしても、かならずズレが生じるのだと知っておくことが大切だろう。歴史の「正しさ」は誰かが語った過去を「まったく同じように再現すること」ではないし、それは不可能である。誰かが語った過去は、自己の学習経験やすでに獲得したものの見方に応じて理解され、自分なりに修正されるのである。

第二に、そうであるならば、自分自身がどのようにして自分なりの「正しさ」に至ったのか、その過程を理解することも大切である。たとえば、「近代日本の出発点は明治維新である」という文章に「正しさ」を感じたり、「違和感」を覚えるとしたら、「近代」や「日本」「明治維新」を自分がどのようなものとして理解しており、だから「出発点」という評価を下せるのか、下せないのかを説明してみてほしい。あるいは何も感じないのであれば、それはなぜかを考えてみてはどうか。

第三に、自己と同様、他者がその人なりの「正しさ」に至った過程を、できるだけ理解しようとする姿勢を持つべきだろう。同じ授業に出席していても、学生が「学んだこと」は異なる。あるいは教師が語る歴史に違和感を感じることもあるかもしれない。他者と歴史的な出来事への解釈や評価が分かれるようなことがあれば、すぐにそれを肯定したり、否定したりするのではなく、他者はなぜそのように評価したのかを探ってみてはどうだろうか。対話を通じて自分にはなかった視点に気づいたり、お互いの解釈を加味して新しい発見に至ることもあるのだから。

大学教育、大学の歴史授業には多様な他者が参加する。とくに「大学で学ぶ世界史」のような教養教育であれば、専門への志向や、高校までの学習経験の異なる学生が集まるため、なおさらである。歴史教師を含め、多様な他者がいる場に参加する機会、他者の見解にふれる機会を提供することが大学の歴史授業の基本的な役割であろう。大学ではこのように歴史を学ぶことができるのである。

参考文献

ウィルソン、ノーマン・J『歴史学の未来へ』南塚信吾・木村真監訳、法政大学出版局、二〇一一年。

大阪大学歴史教育研究会・公益財団法人史学会編『史学会一二五周年リレーシンポジウム二〇一四(一)　教育が開く新しい歴史学』山川出版社、二〇一五年。

小田中直樹『歴史学ってなんだ?』ＰＨＰ新書、二〇〇四年。

小田中直樹『世界史の教室から』山川出版社、二〇〇七年。

加藤章編『越境する歴史教育』教育史料出版会、二〇〇四年。

児玉康弘『中等歴史教育内容開発研究――開かれた解釈学習』風間書房、二〇〇五年。

大学の歴史教育を考える会編『わかる・身につく　歴史学の学び方』大月書店、二〇一六年。

高橋哲哉『歴史／修正主義』岩波書店、二〇〇一年。

土屋武志『解釈型歴史学習のすすめ――対話を重視した社会科歴史』梓出版社、二〇一一年。

鳥山孟郎『授業が変わる世界史教育法』青木書店、二〇〇八年。

鳥山孟郎・松本通孝編『歴史的思考力を伸ばす授業づくり』青木書店、二〇一二年。

原田智仁『世界史教育内容開発研究――理論批判学習』風間書房、二〇〇〇年。

福井憲彦・田尻信壹編著『歴史的思考力を伸ばす世界史授業デザイン――思考力・判断力・表現力の育て方』明治図書出版、二〇一二年。

ブロック、マルク『新版　歴史のための弁明』松村剛訳、岩波書店、二〇〇四年。

別所興一・鳥山孟郎編著『入門・歴史教育――授業づくりの視点と方法』あるむ、二〇〇六年。

南塚信吾『世界史なんていらない？（岩波ブックレット七一四）』岩波書店、二〇〇七年。

桃木至朗『わかる歴史・面白い歴史・役に立つ歴史――歴史学と歴史教育の再生をめざして』大阪大学出版会、二〇〇九年。

第8章　日常の中で歴史的に考える「七カ条」

南塚信吾

われわれは日常生活の中で不断に歴史に直面しており、しかも歴史的に考えることは重要なことだと思っているわけであるが、その歴史的に考えるという際に重要なポイントを、これまでの各章の議論もふまえて、整理してみたい。わかりやすいように、それを「七カ条」にまとめて説明してみることにする。この七カ条は、ひょっとしたら、非常に高いレベルを要求しているように見えるかもしれない。歴史を専門に学んだり研究したり教えたりしている人でも、この要求を満たすのは大変だと思えるかもしれない。だから、一般的には、こういう点を気にするものなのだなという程度で考えておけばいいと思われる。

その七カ条というのは、以下のとおりである。

第一条　「おもしろい」「ためになる」は卒業しよう。

第二条　自分の「偏見」を自覚しよう。
第三条　この歴史を書いているのは「誰か」と問おう。
第四条　「史実」を重んずる本かどうかをまず見よう。
第五条　「史実」の作られ方を警戒しよう。
第六条　歴史についての「判断」は慎重にしよう。
第七条　未来への「展望」を持って過去を見よう。

以下、それぞれについて説明を加えていこう。

1　「おもしろい」「ためになる」は卒業しよう

歴史は「おもしろい」、歴史は「ためになる」と言われる。たしかに、このような受け止め方は大切で必要だが、そこにとどまっていては、歴史は使い捨ての「娯楽」に終わってしまう。「おもしろい」「ためになる」は卒業しよう。

そのためには、まず歴史が「おもしろい」「ためになる」のはなぜだろうかと考えてみることにしよう。

歴史が「おもしろい」のは、一つには、過去の出来事の中に自分の知らないことが見つかるから、あるいは意外なことが見つかるからという理由が多いだろう。たとえば、『三国志』は面白いとか、『……』は楽しいといった具合である。二つには、過去の出来事の名残が現在も実際にどこかで見ることができるからという理由もあるだろう。たとえば、真田幸村や西郷隆盛の居た城を見て、かつての侍たちの生き方を想像する楽しさなどがそうである。あるいはサライエヴォの街角に一九一四年六月にオーストリア＝ハンガリー帝国の帝位継承者を殺害したプリツィプの足跡と言われるものが残されていて、第一次世界大戦のきっかけの一端を見ることができるといったこともそうであろう。たしかに、過去はこういう好奇心を満たしてくれる。これは大切なことである。しかし、そこにとどまっていると、それは「娯楽」としての歴史に終わるのである。友達との飲み会の話題提供にとどまってしまう。そこから進んで、こういう「おもしろい」ことの原因や背景や詳細を調べようということになれば、そこから「歴史的に考える」ということが始まるのである。ある歴史的事象が「おもしろい」と思うことは「歴史的思考」の出発点である。ほとんどの歴史家はそこから出発しているといってよい。

次に、歴史が「おもしろい」のは、歴史が「ためになる」からという理由がある。言い換えれば歴史は「役に立つ」から「おもしろい」という見方である。そこで、この「役に立つ」ということの中身を考えてみよう。よく考えると、「役立つ」といっても、いろんな意味が考えられる。

一つは、いわば直接的・短期的な効用である。歴史の中に出てくる政治家や軍人の言動が今の処世に役に立つという教訓の汲み取り方がある。古来、歴史は「政治の学校」だとか、「歴史に学べ」と言われてきた。ヨーロッパでは一九世紀の初めまでは、「歴史は政治の学校である」ととらえられていた。その考えは「万国史」などを通じて、明治の日本にも伝えられていた。「歴史は政治の学校である」という考え方は、為政者は過去の歴史の中に政治や戦争の仕方を学ぶべきだという意味で言われることが多かった。だから、為政者は歴史をそれなりに学んだのである。あの偉大な「○○」のこういう決断は素晴らしかった、といった学び方である。しかし、一九世紀に入ってからは、「歴史は政治の学校である」とは言われなくなった。歴史は直接的に役に立たないものも含め、世界のより根底的な動きを明らかにすべきものであるという考えが広がったのである。

ここに二つ目の、いわば間接的・長期的な歴史の効用がある。過去における個々の出来事の底に流れる歴史の動きを知ることができる、という意味での効用である。たとえば、人々が「ネイション」という意識を持つようになったのは、いつ、なぜ、どのようにしてであろうか、を明らかにして、弊害があるとすればそれをどう克服できるのかという方向で役立てる。あるいは、歴史の中で「勢力均衡」などと言われたものも、結局は軍拡競争になって戦争につながったから、今や新しい方向を考えなければならない、といった教訓の汲み取り方がそうである。

歴史を学ぶということは、短期的な効用ではなくて、この長期的な効用を学ぶということである。この長期的な効用を求めない歴史は、たんなる「娯楽」でしかないであろう。そしてこの長期的な効用を意識しない歴史は、「毒にもならないし薬にもならない」のである。「歴史的に考える」というのは、こういう長期的な効用を求めることになるのである。

2　自分の「偏見」を自覚しよう

「落とし穴」

「歴史的に考える」ための方法を身につけるには、まず第一に、われわれは、「歴史的に考える」さいの「落とし穴」を意識するところから始める必要がある。

歴史における「批判的思考」の重要性を、『歴史的思考』という著書の中で教育心理学者のリンダ・エルダーはこう述べている。

だれでも過去のことを考えます。しかし、……われわれのほとんどがそうは思っていないのですが、われわれが自分にたいして語る過去の物語は、歴史的思考の良い実例なのです。こうした物語はわれわれ自身の作り出した歪みに惑わされていることが多いのです。われわれの過去の見方は、われわれが影響を受けている文化や集団のイデオロギーによって大きな偏見を与えられています。われわれは、過去を見るとき、われわれの心の中に創り出したレンズを通して見ています。われわれは過去を一定の見方で見たいと思い、そうしているのです。われわれは過去を一定の見方で見ることを教えられてきていて、そうしているのです。われわれは、過去を概念化するのに影響を受けている文化的基準や、習慣や、信念や、タブーや、価値にたいして疑問を向けるということは、ほとんどないのです（Elder 2011：3）。

われわれは、歴史を書く人、歴史を読む人の「レンズ」「偏見」を通して、過去を見ているのだと言うのである。

たしかにこういうことは日本でも昔から指摘されてきていることである。たとえば、明治期に出ていた「万国史」のなかには、ヨーロッパに学んで歴史の方法をきちんと見ているものがあって、このように述べている。

凡そ史学に怪僻《カイヘキ》不経《フケイ》〔かたよって常軌を逸している〕なる者あるは、其源亦多し。独《ヒト》り読む者の罪のみに非ず、亦著作者の罪に帰すべき者あり。多くの史書を見るに、或は史家の其考案を誤る者あり、或は一方に左袒《サタン》して論ずる処、公平ならざる者あり、或は故《コトサ》らに矯激《キョウゲキ》の説を立て、争端を開く者あり。少年の輩、此等の書を読む時は必らず其説に幻惑せられて、正路を得ること能はず。然れば、史を読む者は、唯其事実の真偽を考察せざるべからざるのみならず、其事実中に於て、亦其要と不要とを弁明することを知らざるべからず。又更に学者を戒めざるべからざることあり。或は野史を読み、或は小説を見て、其説を信用すべからず。是等の書は、多は其間に図画を挿み、人目を娯ましむるに足れりと雖ども、若し一概に之を信用するときは我誠実の徳を虧損《キソン》し、人の性情に癖害を為すこと多かるべし（西村茂樹『萬國史略』明治二年〔一八六九年〕。これは、Alexander Fraser Tytler, *Elements of General History, Ancient and Modern*, Edinburgh, 1 ed., 1801 の部分的な翻訳である）。

要約すれば、「偏見の源は無限にある。歴史家の誤った説明や、偏った説明や、矛盾した説明の真ん中に、若者の精神を無指示のままで置いておいてはならない。真実を偽りから区別できることの重要性に加えて、有益な事実にのみ注意が向けられなければならない。やたらに回想録や逸話集などを熟読すると、危険なことがある。というのは、これらの本の多くは、この上なく堕落した歴史像を描き、徳に対するわれわれの信頼を弱め、人間の本性についての最も不都合な見方を提示するからである」ということになる。

このような「レンズ」「偏見」をできるだけ取りのぞいて歴史の議論を立てることの重要さを実感するには、自分自身の歩いてきた歴史について考えるのが有効だとエルダーは言っている。

自分の歴史を振り返る

エルダーの言うところを聞いてみよう。

広い意味では、われわれは歴史的思考をしているのです。われわれは過去についての話を自分自身にたいして物語っています。それはすべての人間がすることです。われわれの人生をさまざまな「章」として考えているかもしれません。それをわれわれは自分の心（それがわれわれの「本」です）に書き込んでいるのです。われわれは「自分の過去」についての記憶を創り上げることでしょう。われわれはそれが生じているときにそれを「書」いたり「創作」したりしているのです。そして、われわれは時間の経過の中で、それをしばしば「書き直し」たり「創り直し」たりしているのです。われわれが創り出している物語の多くは、言い換えればわれわれの「自分史」の多くは、意識的な思考によって、つまりわれわれが自分をこう見たいという見方によって、色づけされているのです。また、われわれの「歴史」の多くは、われわれの生涯に影響を与えてきた人々、つまり、両親や先生や兄弟姉妹や友人たちによって、形づくられているのです。それは現在われわれに影響を与えている人々によって形づくられているのです。もしわれわれが自伝を書くとして、それは、われわれに起こった事やわれわれが行った事の客観的な詳述にはならないでしょう。それは、事実と歪曲の入り混じったものになるでしょう。つまり、実際に起こった事と、（われわれの心の中で）起こったと思った事の混ざったものになるのです（Elder 2011：10)。

このように、自分史を考える際にも、われわれは自分の意志や他人の考えなど（つまり「レンズ」や「偏見」）に影響を受けていて、「事実と歪曲」の入り混じったものになるのだと言うのである。では、その対策としてはどうすればいいのだろうか。少し長いが、エルダーの言うところをさらに聞いてみよう。

われわれの自分史を眺めるとき、われわれが世界を見る視角や、世界の中でのわれわれの位置を見る視角に影響を与えたはずの、いろいろな状況や要素を、客観的に見るようにしてみてください。もちろん完全に客観的な見通しを持つことはできないかもしれませんが、問題になるかもしれないある種の前提に気付いたり、それを理解したりする力を伸ばすことは、可能なのです。われわれが自分史を構成する過程で役に立つかもしれないいくつかの質問を挙げてみましょう。

○　自分の両親や保護者はどういう人なのだろう。自分が生まれる前のかれらの生活はどのようであったのだろう。自分の育て方に影響を与えたかれらの主な信条や関心や価値観はどのようなものであったのだろう。

○　自分は学校や宗教教育のなかで、主にどのような考えを無批判的に受け入れるよう期待されていたのだろうか。

○　自分に最も影響を与えた人々は誰だったのだろう。かれらはどのように自分に影響を与えたのだろう。

○　自分は、いつから、物事を独自の方法で見たり行ったりする個人としての自意識を持つようになったのだろうか。その経験は当時自分にどういう意味を持ったのだろうか。そのような見方は今の自分の考え方にどのように影響しているのだろう。

○　自分が覚えていることの中で、自分の人生において最も重要な出来事はなんだろう。それはなぜ、重要なのだろう。

○　ほかの人たちは私についてどんなことを覚えているのだろう。また私に影響を与えた出来事について、どんなことを覚えているのだろう。私についての他の人の記憶や見通しや結論は、私自身のそれとどのように違っているのだろう。他の人の記憶や見通しや結論は、私の人生について私に何を教えてくれるのだろう。

○　私は誰なのか、私は自分の人生をどうできるのか、私は自分の人生をどうしなければならないのだろう、私の人生はどういう意味を持っているのだろう、こういうことについて、私はどう考えているのだろうか。私は自由にこの考えを変えていいのだろうか。このような考えを変えると利点があるとすれば、それはどのような理由からであろうか（Elder 2011：10）。

以上のエルダーの議論を整理してみよう。

まず、エルダーは、われわれは人の歴史を「創っている」のだと言っている。ついで、われわれはそれをどのように「創って」いるのか、その創作に影響を与える要素を挙げている。それは、自分が自分をこう描きたいという「意識」的な主体的要素と、自分を取り巻く人間や社会や出来事といった客観的要素である。そういう要素によって、われわれは自分の歴史を自分の望むように描いているのだというのだ。だから、まったく客観的な自分の歴史というものは存在しない、というわけである。

ところで、エルダーはこうも言っている。

われわれは自分自身の個人史を思いのままにすることができるかもしれません。われわれは、事実を反映するようにわれわれの人生の歴史を書くこともできるし、それを歪めた形で書くこともできるのです。われわれはわれわれの過去の歴史を大体においてネガティヴな用語で書くのか、それともポジティヴな用語で書くのかを決めることもできるのです（Elder 2011：11）。

ここで彼女は「できるかもしれません」と言っているわけである。そしてそういう歴史に注意しようと言っているのである。

エルダーが自分史を材料にして指摘しているのは、自分史以外のさまざまな歴史についても、全く客観的な歴史というものはなくて、すべてその歴史を書いた人間の「意識」がそこに作用していて、「意識された歴史」であるということになる。自分史を考えると、こういう点がよく見えてくると言っているのである。したがって、すべての歴史はどういう要素の影響を受けた人がどういう意識で書いたのかということを批判的に検討する必要があるということになる。第1章でスタンフォードの図式を用いて説明したように、歴史家の「心」が媒介しているのである。

これはすでに一九六〇年頃からイギリスの歴史家E・H・カーが『歴史とは何か』などにおいて言っていることである。カーは、過去の出来事が「自分で歴史を形作るのではない」、すべて歴史家の「心」を通して意味を持たされて「歴史」になるのだと言っていた（カー、一九六二年、二六頁）。それが、今や、エルダーのように心理学などの方面から裏打ちされてきているわけでる。

こうして、さまざまな歴史に直面した時、どういう背景を持ったどういう人が、どういう方法で書いたのだろうかと、いわば歴史家を吟味してみる必要があるのである。

3　この歴史を書いているのは「誰か」と問おう

まず歴史家を研究せよ

自分の眼がこのようにさまざまな「レンズ」の影響を受けているということが納得できたとすれば、歴史を書く人の場合にもそういうことは当てはまるはずである。すべてその歴史を書いた人間の「意識」がそこに作用している。スタンフォードの図式（本書第1章二五頁）でいえば、いろいろな局面に「心」が出てくるわけであるが、史料を使って歴史を記述する歴史家の場面でも「心」が作用するのである。

E・H・カーは、歴史を読む前に「まず歴史家を研究せよ」と言っている。カーは、歴史上の事実はけっして「純粋」にわれわれに現れてくるものではなく、いつも記録をする者の心を通して屈折してくるのであり、したがって、「私たちが歴史の書物を読みます場合、私たちの最初の関心事は、この書物が含んでいる事実ではなく、この書物を書いた歴史家であるべきです」という（カー、一九六二年、二七頁）。

われわれと同じように、歴史家もその「環境」（社会的、文化的、個人的）の中でものを考えている。その人なりの考え方を持ち、それなりの認識の限界を持ち、思考の「落とし穴」を持っているはずである。そういう歴史家が無数にある歴史上の出来事の中から自分にとって意味のありそうな出来事を取り上げて歴史を書くのである。カーは「歴史とは解釈のことです」とさえ言ってみせた（同、二九頁）。

もちろんカーは、すべて客観的な歴史などを排除して、歴史は歴史家が作るものだという懐疑主義はとってはいない。「見る角度が違うと山の形が違って見えるからと言って、もともと山は客観的に形のないものであるとか、無限の形があるものであるとかいうことにはなりません。歴史上の事実を決定する際に必然的に解釈が働くからといって、どの解釈も甲乙がないとか、歴史上の事実はそもそも客観的解釈の手に負えるものではないということにはなりません。」と言って、懐疑主義にはくぎを刺しているのであるが、まずは、歴史家の「解釈」ということを重視しているのである（同、三四〜三五頁）。

したがって、われわれは歴史と称するものを読むとき、それを書いた人は、どういう人かを問うことから始めなければならない。それは容易ではないが、とりあえず、本の「はじめに」（序文）や「おわりに」や「著者紹介」を読むのがよい。「著者紹介」からは著者の研究歴や現在のポスト、あるいは著者がこれまでどういう本をいつどういう出版社から著しているかがわかる。「はじめに」（序文）や「おわりに」からは、著者がその本をいつ、なぜ、どういう状況で書いたのか、何を目指して書いたのかが読み取れるはずである。

要するに、この歴史書を書いた人は、どういう時代のどういう場所にいて、どういう考え方をする人なのかを常に意識しながら、その本を読む必要があるということである。同じことは画像の歴史にも言えるわけである。

歴史漫画、歴史ドラマ、歴史ドキュメンタリーのいずれをとっても、制作者などの主観が入る。それらを見る場合、歴史についてどういう専門家が監修者についているか、協力機関がどのようなものかなど、画像の最後などに表示される情報をしっかり注意して見ることが大切なのである。

厄介な教科書

この点で、厄介なのが「百科事典」と「教科書」と「ネット歴史」である。いずれも、だれが書いたのかがわかりにくいという問題がある。「百科事典」の場合、最近は各項目の執筆者が記されるようになってきたが、以前は無署名であった。一般の人は「百科事典」に書いてあることは間違いがないと信じているから、実際にはある特定の人の歴史を鵜呑みにしてしまったわけである。だが、今では、だれが書いたものかがわかるので、その人はどういう人かを探っていくことができるようになった。「ネット歴史」はこれ以上にだれが書いたのかがわからず、最も扱いがむずかしい。歴史の教科書はたしかに執筆者の名前は出ているが、どの部分をだれが執筆したかはわからない。教科書は大体において文部科学省の「指導要領」に沿って書かれていて、個々の執筆者が書いた原稿も監修者や出版社の眼を通って、「指導要領」と出版社の慣例に沿ったものに仕上げられることが多い。したがって教科書の場合、出版社的な個性と言えるものがいくらか出てくる程度になる。

こうして執筆者の不明な「教科書」が持つ問題点は、多くの人が、そこに書かれている歴史は真実であると鵜呑みにしてしまいがちだということである。「教科書」とその「参考書」はもとより、最近は「教科書」を読み直す本までが出ているのである。しかし、「教科書」から歴史的な考え方を学ぶということは、「教科書」自身を「聖書」のように崇拝してそれを暗記したりすることではない。むしろ、その「教科書」を疑うところから「歴史的な思考」は始まる。ある「教科書」の記述と別の教科書の記述とを比較してみるところから始めるのもよい。そうすると、微妙な違いが見えたりする。そうしたら、もう少し専門的な概説書などを調べてみると、なるほどこういう背景があって、解釈が異なり、記述が違うのかがわかってくる。そうすると、さらに自分で判断したくなり、専門書や史料を調べるという具合になるはずである。「ネット歴史」もこれと同じように疑うことから、「歴史的思考」を進めることができる。

4　「史実」を重んずる本かどうかをまず見よう

上に見たように、歴史家の「解釈」が重要な意味を持っているからと言って、客観的な事実が軽視されてよいということにはならない。それはE・H・カーが「山」を例にして、見る角度が違うと山の形が違って見えるからといって、もともと、山は客観的に形のないものであるとか、無限の形のあるものであるとかということにはならないと述べている通りである。本書でも、第2～5章で歴史を描く場合の「歴史的な事実」（史実）の大切さと面白さが十分に語られたと思う。では、歴史を読む側から考えてみると、どうであろうか。

われわれが手にする「歴史書」その他の歴史の「プレゼンテーション」は、それぞれ過去の事実をどのように確定しているのだろうか。過去の事実を軽視して、もっぱら「解釈」に終始していないであろうか。読者としては、ある歴史書を手にしたとき、以下の点に気をつけるとよいだろう。まず、この本は参考文献を挙げているかどうかを見てみよう。本の後ろに参考文献一覧などが載せられているはずである。どのような本を参考にして書かれた本かがわかるはずである。参考文献にはネットのサイトも挙げられていることが多い。この場合には、サイトを訪れてみることも必要である。そこに「フェイクニュース」とは言わないまでも、証明されていないデータが入っていることもあるからである。

つぎに、この本には「注」がついているかどうかを見てみよう。この本のいろいろな判断は何を根拠に行われているのかがわかるはずである。逆に、このような大事な判断を下したのに、注がついていないということは、その著者の判断だと考えてよいことになる。参考書や注は「事実」をどの程度重視して書かれた本かを示している。

さらに、この本はこれまでのこの種の研究をどのように批判・継承・発展するにせよ、それを踏まえて書かれているはずなので、どのような「先行研究」を踏まえて書かれたのかが、「はじめに」（序論）や「あとがき」に書かれているかどうかを見てみるといい。それはこれまでの研究の歴史をどう押さえているかを示すものなので、「研究史」の整理がなされているかを知るためでもある。これがあれば、その著書は独りよがりの「解釈」だけの本ではないということが納得できる。ちょうど石を高く積み上げていくのと同じで、下の石があるから上に石を積み上げることができるのであり、過去の研究の蓄積があるから、新しい歴史研究も生まれるのである。研究史は著者の立っている場所を教えてくれるのである。

このように、注や参考文献や研究史を重視するのは、その著者が「事実」や先行研究を重視しているか、自分の認識の「陥穽」に落ちていないか、さらには、「ポスト真実」に居直っていないか、「フェイクニュース」をそのまま受け取っていないかなどをチェックするために必要だからである。ただし、歴史書（論文）によっては、注や参考文献がまったく付けられていないものもある。これは、問題提起的なものが多く、まったくのデマゴギーであるか、あるいはまったく新しい歴史観を大胆に示そうとするものであると考えられる。その区別は読んでみて、嗅ぎ取るしかないであろう。

5　史実の作られ方を警戒しよう

報道の比較から

二〇一五年二月二〇日、皇太子（当時）は二三日の誕生日に先立って記者会見を行い、その中で、「歴史」についてさまざまなかたちで触れていた。どのような会見だったのだろうか。その会見の新聞報道について、池上彰氏は興味深い批判を書いていた。氏の言うところを聞いてみよう（『朝日新聞』二〇一五年二月二七日）。

まず『朝日新聞』は次のように報道していたと池上氏は書いている。同紙は、「戦後七〇年を迎えたことについて皇太子さまは、「戦争の記憶が薄れようとしている」との認識を示して、「謙虚に過去を振り返るとともに、戦争を体験した世代から、悲惨な体験や日本がたどった歴史が正しく伝えられていくことが大切」と指摘された」ことを報じ、また、「今年一年を「平和の尊さを心に刻み、平和への思いを新たにする機会になればと思っています」と話された」と報道した。

この「謙虚に過去を振り返る」という発言は、池上氏によれば、「このところ、日本の戦争の歴史の評価をめぐって、「謙虚」ではない発言が飛び交っていることを意識されての発言なのだな」と推測している。しかし、この部分は、『毎日新聞』も『日経新聞』も報じているが、『読売新聞』や『産経新聞』には出ていないという。

池上氏は、同じ記者会見の報道について、もう一つ別の論点を問題にしている。『毎日新聞』は、戦後七〇年を迎えたことについて、皇太子は「我が国は戦争の惨禍を経て、戦後、日本国憲法を基礎として築き上げられ、平和と繁栄を享受しています」と述べられたと報じたと、池上氏は書いている。そして、池上氏は、「以前ですと、気にならない発言ですが、いまの内閣は、憲法解釈を変更したり、憲法それ自体を変えようとしたりしています。そのことを考えますと、この時点で敢えて憲法に言及されたことは、意味を持ちます。」と言う。そして、「こんな大事な発言を記事に書かない朝日新聞の判断は、果たしてどんなものなのでしょうか。」と疑問を呈している。ちなみに、『朝日新聞』以外にも、『日経新聞』や『読売新聞』や『産経新聞』にもこの点の報道はないという。

筆者も念のため各紙を調べてみたが、池上氏の言うことに間違いはなかった。

このような新聞報道の様子から、「史実」はいかに「作られるか」ということが、よくわかると思う。新聞報道に「史実」が書いてあると信ずると、大変な誤りを犯してしまうことになりそうである。少なくとも、新聞をいくつか比べて、「史実」を確認することが求められているわけである。

より史料に近く

しかし、これだけでは不十分である。二月二〇日の記者会見は宮内庁のサイトにその全文が掲載されているのだから、それを見るのがより「史実」に近くなるはずである。そこで、その宮内庁のＨＰを見てみよう（「皇太子殿下お誕生日に際し：皇太子殿下の記者会見」〔会見年月日：平成二七年二月二〇日：会見場所：東宮御所〕http://www.kunaicho.go.jp/okotoba/02/kaiken/kaiken-h27az.html）。

すると、いま池上氏が指摘した「謙虚に……」は、次のような発言のあとに出てきた言葉であることがわかる。

「今年我が国は、戦後七〇年を迎えます。この機会に改めて戦争で亡くなられた多くの方々に深く思いを致し、平和を心から願い、世界各国との友好を確かなものとしていくことが大切であると考えています。」「先の大戦において日本を含む世界の各国で多くの尊い人命が失われ、多くの方々が苦しい、また、大変悲しい思いをされたことを大変痛ましく思います。広島や長崎での原爆投下、東京を始め各都市での爆撃、沖縄における地上戦などで多くの方々が亡くなりました。亡くなられた方々のことを決して忘れず、多くの犠牲の上に今日の日本が築かれてきたことを心に刻み、戦争の惨禍を再び繰り返すことのないよう過去の歴史に対する認識を深め、平和を愛する心を育んでいくことが大切ではないかと思います。そしてより良い日本をつくる努力を続け、それを次の世代に引き継いでいくことが重要であると感じています」。

また、会見の最後に「両陛下からのお話の中で、やはり本当に戦争がいかに悲惨なものであるか、こういったことを本当に二度と繰り返してはいけないものだということが、お話の節々で感じ取られ、本当に両陛下の平和を尊ぶお気持ち、それから諸外国との友好関係を大切になさるお気持ち、そういうものが私にも非常にひしひしと伝わってきて」という発言もあることがわかる。

気がつくことは、日本だけでなく「世界の各国で」の人命の犠牲、「世界各国との友好」「沖縄における地上戦」「過去の歴史に対する認識を深め」などへの言及がなされていることである。「世界各国」というのは中国や韓国を含めてのことであることは言うまでもなかろう。中韓との友好、沖縄の基地問題、「歴史認識」のことを念頭においていると推測して間違いはないであろう。

こうして、新聞各紙や池上氏が指摘していないことが見えてくるのである。

もちろん、これは宮内庁のＨＰだから宮内省が「改ざん」をしているかもしれないとも考えられる。皇太子はもっとはっきりと言っていたかもしれない。しかし、「宮内庁と相談しながらのギリギリのコメントだったのではないか」という池上氏の推測を考慮すれば、このＨＰをそれほど「改ざん」する必要もなかったかと思われる。

このように、記者会見の「史実」は、ＨＰまで辿って初めて信頼に足るものが得られることになるのである。新聞報道はＨＰに見られるような事実の一部を、記者やデスクや社の判断で切り取って「構築」して記事にしているのである。

実はここが大切なのである。この記事を書いた記者の背景、デスクの人となりと見識と義務感、そして新聞社の編集方針などが絡まって、会見のどの部分を取ってどこを捨てるかが決定されるのである。私たちが新聞報道を材料にして歴史を知ったり、歴史を書く場合の「史実」は、こうして「作られる」のだということに注意しておく必要があるわけである。

ドキュメンタリーの罠

森達也によれば、真実を伝えているように見える映像も、けっして全面的に信頼することはできないのだという。

たとえば、湾岸戦争のとき、「イラクの無軌道さと暴虐ぶりを伝える映像として、海辺で油塗れになった水鳥が大きく報道された」。しかし、停戦後、「この水鳥の映像は捏造だった」ことが発覚した。別の映像がイラク戦争のコンテクストに組み込まれて、一定の意味を与えられたのである。

九・一一の同時多発テロの直後、「歓喜するパレスチナの人々」の映像が世界に流れ、アメリカの報復行為もやむなしという印象を世界に与えた。この映像は信ぴょう性が薄いと、当時は疑われた。しかし、その後の調べで、あの映像は確かに九・一一直後のパレスチナの映像であることがわかった。

ところが、「キャメラが引いてゆくと、喜ぶ人たちの周りには多くの野次馬たちが集まっていて、不思議そうに撮影風景を眺めている。さらに引けば、画面の端にはディレクターらしき姿も映っていた」と言うのである。この情報からは、撮影スタッフが歓喜の演技を要請した可能性は濃いが、そのほかにも、たまたま喜んでいた人々にもう一度歓喜の声を上げるように求めた可能性、あるいは狂喜乱舞していた人々がたまたま通りかかった取材クルーに撮ってくれと申し出た可能性など、いろいろ考えられるので、「確定」はできないのである（森達也『それでもドキュメンタリーは嘘をつく』九七頁）。このように「映像＝史実」ではないのであるが、映像の場合、史実を確定することはかなりむずかしいことを、心しておかねばならない。

6　歴史についての「判断」は慎重にしよう

国賊論

二〇一三年六月二九日の『産経ニュース』（電子版）は、元首相の鳩山由紀夫氏の次のような発言の要旨を報じた。

日本は（一九四五年に＝筆者）ポツダム宣言を受諾してカイロ宣言を守ることになった。カイロ宣言には台湾、澎湖島など清国からスチールした（盗んだ＝筆者）ものは返しなさいと書いてある。

「はい、わかりました」ということで日本はのんだ。中国側からすれば「台湾、澎湖島など」というのがあるから、「など」の中に何が入っているのかと考える可能性はある。日本は必ずしもそうは思っていない。ならば、まさにこれは係争の土地ではないかという議論は当然成り立つ。当時の周恩来首相と田中角栄首相が（七二年に＝筆者）暗黙の合意をした「棚上げ」というところに一回戻す。領土問題は存在する。係争地だから。今そんなことをやっているよりももっと大事なことがあるから、そのことを先にやろうと。後の世代に委ねようじゃないかという四一年前の知恵だと思う。こういう知恵をもう一度学んだ方がいいのではないかということを申し上げた。日本の固有の領土というのは、ポツダム宣言に書いてある。固有の領土は北海道、本州、四国、九州。日本は戦争に負けて、それが固有の領土になった。その後は連合国軍が決める島だ、残念ながら。他の島を日本のものにしてもらえるかどうかは連合国軍が判断するということになってしまった。したがって固有の領土という話じゃない。その後、交渉次第で戻ってきたものもある。しかし、最初から固有の領土ということではなく、それぞれの国との間できちんと議論して、われわれの主張を貫くように努力をするべきだ。これが外交ではないか（「日本固有の領土は『ポツダム宣言が始まり』――古巣も辟易の鳩山氏発言」http://www.sankei.com/politics/news/130629/plt1306290043-n1.html）。

これに対して、鳩山氏を「国賊」と非難する声が政府筋からあがった。たとえば、時の小野寺防衛大臣の発言がある。

小野寺防衛相は一七日夜のBSフジの番組で、鳩山元首相が中国側に対し、沖縄の尖閣諸島をめぐり、「係争地である」との認識を中国側に伝えたことについて、中国側は「実は日本の元首相はこう思っている」と世界に宣伝し、国際世論を作られてしまう。言ってはいけないが、「国賊」ということが一瞬頭のなかによぎったと述べ、激しく批判した（『読売新聞』二〇一三年一月一八日）。

このあと鳩山氏は「国賊」という批判を広く浴びることになった。

歴史をめぐるこの応酬は、どのように考えるべきであろうか。論点は二つに分けられる。第一は、カイロ宣言とポツダム宣言において決められていた領土問題の解決方法において、尖閣諸島はどのように決められていたのかということ、第二は、一九七二年に周恩来首相と田中角栄首相が会談した時に尖閣問題について「暗黙の合意」をして「棚上げ」することにしたのかどうかという点である。

カイロ宣言とポツダム宣言をチェック

鳩山氏が論拠としているカイロ宣言とポツダム宣言についてみてみよう。

まずカイロ宣言を見てみると、カイロ宣言の外務省訳では、

右同盟国ノ目的ハ日本国ヨリ千九百十四年ノ第一次世界戦争ノ開始以後ニ於テ日本国ガ奪取シ又ハ占領シタル太平洋ニ於ケル一切ノ島嶼ヲ剥奪スルコト竝ニ満洲、台湾及澎湖島ノ如キ日本国ガ清国人ヨリ盗取シタル一切ノ地域ヲ中華民国ニ返還スルコトニ在リ

とあり、満洲、台湾、澎湖島などを日本が清国人から「盗取」したと明確に書かれている。ちなみに英語の原文を見てみると、「満洲、台湾及澎湖島ノ如キ日本国ガ清国人ヨリ盗取シタル一切ノ地域」を中国に返還せよというとき、「のごとき」は such as であり、それが幅を持った言葉であることは明らかである。だから、鳩山氏の言うように、中国がそこになにが含まれるのかを考えることは自然なことである。そして、そういうものを「盗取したる」は、はっきりと has stolen と表現している（「カイロ宣言」『憲法条文・重要文書』国立国会図書館　http://www.ndl.go.jp/constitution/shiryo/01/002_46/002_46tx.html）。

鳩山氏は、満洲、台湾及澎湖島「のごとき」の中に「尖閣諸島」が入っているとは言っていないが、中国がそう理解するのも当然だと言っているわけである。一方日本はそれを認めないのだから、そこは「係争の地」になりうると言っているのである。この限りでは、鳩山氏はけっして事実を曲げて日本に不利なことを言っている「国賊」などではなく、事実に基づいたことを言っているとみるべきである。

では、つぎに、鳩山氏の言うように、このようなカイロ宣言をポツダム宣言は「守って」いるのだろうか。とくにポツダム宣言は日本の領土をどのように規定しているのだろうか。

外務省翻訳のポツダム宣言では、この領土についての規定は、

八　カイロ宣言ノ條項ハ履行セラルベク又日本國ノ主權ハ本州、北海道、九州及四國竝ニ吾等ノ

決定スル諸小島ニ局限セラルベシ（「ポツダム宣言」『憲法条文・重要文書』国立国会図書館　http://www.ndl.go.jp/constitution/etc/j06.html）

となっている。ちなみに英語の原典では、「吾等ノ決定スル諸小島」は、such minor islands as we determine となっている（Potsdam Declaration, Text of the Constitution and Other Important Documents; http://www.ndl.go.jp/constitution/e/etc/c06.html）。

まず、ポツダム宣言はカイロ宣言を、完全に前提としている。カイロ宣言の規定はすべて実行されるべきであると言っている。次いで、領土について見ると、鳩山氏の言うような「固有の領土」が本州以下の四島だということは言っていないが、四島をまず日本の主権のもとにある領土だとしている。そして、それ以外の「諸小島」は、「われら」つまり、戦勝国が決めると断言している。鳩山氏の言う「固有の領土」に「諸小島」が入らないという議論は、間違いではないということがわかる。したがって、「尖閣諸島」などは「係争の地」であるという説は間違っているわけではない。この限りでも、鳩山氏はけっして「国賊」などではなく、事実に基づいたことを言っているとみるべきである。

ちなみにこの連合国による判断は、結局は、サンフランシスコ対日講和条約が決めたのだと考えるべきであろう。しかし、その講和条約は、「第二章　領域」の第二、三条において、日本が放棄すべき領域を規定している。それは、「済州島、巨文島及び鬱陵島《うつりょうとう》を含む朝鮮」、「台湾及び澎湖諸島」、

「千島列島並びに日本国が千九百五年九月五日のポーツマス条約の結果として主権を獲得した樺太の一部及びこれに近接する諸島」、「以前に日本国の委任統治の下にあった太平洋の諸島」、「南極地域……に関するすべての請求権」、「新南群島及び西沙群島」を放棄し、「北緯二十九度以南の南西諸島（琉球諸島及び大東諸島を含む。）孀婦岩《そうふがん》の南の南方諸島（小笠原群島、西之島及び火山列島を含む。）並びに沖の鳥島及び南鳥島」はアメリカの信託統治下に置くことを規定していた（https://www.mofa.go.jp/mofaj/gaiko/treaty/pdfs/B-S38-P2-795_1.pdf）。

すでに本州以下の四島は解決しているわけだから、四島とここで「放棄」するとされたもの以外に、触れられていない領域があり、それらは、この後討議するものとして、未定のままになっているのである。今回問題となっている竹島、尖閣諸島などはそれにあたっていて、言及がないのである。こう見ると「他の島を日本のものにしてもらえるかどうかは連合国軍が判断するということになってしまった」という鳩山氏の指摘はけっして間違いではないのである。

棚上げについて

つぎの大きな問題は、鳩山氏が言う一九七二年の周恩来首相と田中角栄首相の会談である。それについて見てみよう。ポイントは二つで、その一つは、二人が尖閣が領土問題であるということを認め合ったのか。その二は、二人は「棚上げ」で暗黙の合意をしたのか、ということである。

第一の点については、史料「田中総理・周恩来総理会談記録」が残っている。一九七二年九月二七日の第三回会談で二人は国際問題について話をしていて、その中でこういうやりとりをしている。

田中総理：尖閣諸島についてどう思うか？　私のところに、いろいろ言ってくる人がいる。

周総理：尖閣諸島問題については、今回は話したくない。今、これを話すのはよくない。石油が出るから、これが問題になった。石油が出なければ、台湾も米国も問題にしない（田中総理・周恩来総理会談記録　http://www.ioc.u-tokyo.ac.jp/~worldjpn/documents/texts/JPCH/19720925.O1J.html「日本政治・国際関係データベース」東京大学東洋文化研究所　田中明彦研究室）。

このやりとりを見れば、二人が、「尖閣諸島問題」が存在するということを認めていて、それは「棚上げ」するということで双方に異論がなかった、ということがわかる。

第二の点については、一九七九年五月三一日付『読売新聞』社説は、「論争」があることを認めた上で、さらに「留保」することも了解しあったとしている。「日中双方とも領土主権を主張し、現実に論争が存在することを認めながら、この問題を留保し、将来の解決に待つことで日中政府間の了解がついた」とある（『読売新聞』一九七九年五月三一日）。この留保というのは棚上げと同義であろう。

加えて、この一九七二年の田中・周会談については、二〇一三年六月に出た野中広務氏の発言もある。『東京新聞』の二〇一三年六月四日付朝刊に「尖閣「日中が棚上げ」　訪中の野中氏「田中元首相が発言」」という題で、次のような北京からの報道が載っている（なお、同日の『朝日新聞』、『読売新聞』、『毎日新聞』にも同じ報道がある）。

【北京＝佐藤大】　野中広務元官房長官を団長とする超党派の訪中団が三日、北京の人民大会堂で中国共産党序列五位の劉雲山政治局常務委員と会談した。野中氏は会談後の記者会見で、一九七二年の日中国交正常化交渉の直後に田中角栄首相（当時）から「両国の指導者は尖閣諸島の問題を棚上げすることで共通認識に達した」と直接聞いたと、劉氏に伝えたことを明らかにした。日本政府は領土問題は存在せず、「棚上げで合意した事実はない」（菅義偉官房長官）との立場で、野中氏の発言は波紋を広げそうだ。

中国側は、国交正常化交渉が行われた一九七二年九月二七日の田中角栄・周恩来両首相の会談で、棚上げをしようという合意があったと主張しているのだが、この野中発言はそれを裏づけている。一方、日本政府はそういう事実はないと「断定」していて、対立しているわけであるが、その「断定」について歴史的な史料による裏づけがあるわけではない。鳩山氏の発言は、読売新聞や野中発言に基づいて見ても、けっして間違いではないことがわかる。

こう見てくると、鳩山氏の議論は間違いを言って、それによって国の利益を損なわせているという意味で「国賊」にあたるものではないことがわかる。それどころか、国民に歴史的な事実をしっかりと見なさいと教えているとさえ言えるのだ。われわれは、「国賊」などという政治的レッテルに惑わされたり、満足してしまったりしてはいけないのだ。

こういうことが、歴史に関係する政治的な議論であちこちに見られないだろうか。自分なりにわかることとわからないことを見分け、事実を確認していかなければならないのである。われわれは、よく、○○さんの歴史の考え方は「良い」とか「悪い」とか、政治的な判断を下すときがある。しかし、その判断にあたっては、慎重であらねばならないのである。

7　未来への「展望」を持って過去を見よう

よく、「歴史とは過去との対話である」と言われる。それは現在の事態を理解するには過去のことをよく知っておかねばならないという意味で使われている。あるいは、現在の問題を解決するには、過去から学ばねばならないという意味で使われている。だがこれは一面的に理解されてはならない。「過去との対話」と言うとき、たとえば、今の会社の人間関係を解決するには、徳川家康の事績をよく学ぶべきである、といった「対話」が言われているのではない。目先の政治目的や、経済的利益や、プロパガンダ目的のために歴史を利用するのではないのである。安易な「対話」、都合の良い「対話」が歴史だと言っているのではないのである。

この「歴史とは過去との対話である」という言葉は、E・H・カー『歴史とは何か』の中の言葉の借用であるが、実は、上の使われ方は、カーの言っていることの一面でしかない。カーは、歴史とは「過去」と「未来」の「対話」であると言っているのである。それはどういう意味だろうか。

対話はまず現在と過去との対話であるが、その現在とは今を生きる歴史家あるいは歴史を考える人なのである。その歴史家とは、現在を生きながら、自己意識をもって未来に向かっている人間である。そこに、歴史と未来との対話が生まれる。人は、未来に対してどのような展望を持っているかによって、過去への見方も変わってくるのである。カーは未来への展望を「方向感覚」と称した。歴史家という人間のもつ「方向感覚」をとおして、過去との対話は未来との対話を取り込みながら行われ、未来との対話は過去との対話を取り込みながら行われるのである（カー、一九六二年、一八二頁）。

人は、未来においてどのような世界を作ればいいかを考えて、そのために何をすればいいかを考えるが、ある朝突然そのような世界が作れるわけではない。現在存在するものを利用し改善しながら作るわけである。しかし、その現在あるものは過去から受け継いだ性質や性格や特徴を持っている。それを知るためには過去を追わねばならない。だが、過去を追って、現在存在するものの個性を知ったとたんに、未来への展望を修正しなければならなくなる。こうして、過去と未来は現在をとおして対話するのである。歴史は現在あるものから出発するが、その現在は過去に制約されているのである。

これをわれわれ自身に当てはめてみるならば、自分がどのような世界の未来を考えているのだろうかと自問し、そういう未来を目指すには現在をどうすればいいのか、その現在はどういう過去を持っているのかを考えるという作業が必要である。そういうことを意識しながら、さまざまな歴史の情報を探して学んでみる。そうして、過去を探ってみて、自分の目指している未来を修正しなければならないことも生じるかもしれない。これが「対話」である。

また、われわれが歴史書などを読んだり、映像を見たりするとき、この作者はどういう未来を目指してこの過去に向き合っているのかを考えてみることが必要である。ある歴史家は、アジア諸国の共存を目指して歴史を探っているかもしれない。ある人は、アジアの中での日本の優位を確保することを目指して、歴史を探っているかもしれない。ある人は、アジア諸国の激しい競争・闘争を予測して歴史を探っているかもしれない。ある人は、国境のないアジアの共同体を目指しているのかもしれない。その点を意識したうえで、それぞれの歴史書や画像を見て、納得できるかどうかを考えることが求められている。

だから、カーは、「過去が未来に光を投げ、未来が過去に光を投げる」のだと言い、「未来だけが過去を解釈する鍵を与えてくれる」のだと言った。カーによれば、歴史家は「歴史の外」に歴史を判断するための基準を設けて、それに基づいて歴史を描くから「客観的」なのではない。ある歴史家が「客観的」であるといえるのは、その歴史家が、「社会と歴史とのうちに置かれた自分自身の状況から来る狭い見方を乗り越える能力」を持ち、「自分の見方を未来に投げ入れてみて、そこから、過去に対して……深さも永続性も勝っている洞察を獲得するという能力」を持っている場合である（同、一八二～一八三頁）。

だから未来への理解が進めば進むほど、過去を「客観的」に見ることができるというのである。

したがって、われわれの問題として考えるならば、ある歴史書や歴史画像に接するとき、この著者は未来にどういう展望を示しているのだろうか、この著者は一〇年後にも意味のあることを言っているのだろうかと尋ねてみるのがよいのである。

参考文献

ウィルソン、ノーマン・J『歴史学の未来へ』南塚信吾・木村真監訳、法政大学出版局、二〇一一年。

小田中直樹『歴史学ってなんだ?』ＰＨＰ選書、二〇〇四年。

Collingwood, Robin G., *The Idea of History*, Oxford UP., 1986 (1st. 1961).

Cannadine, David, *What is History Now?* Palgrave, 2002.（D・キャナダイン『いま歴史とは何か』平田雅博・岩井淳・菅原秀二・細川道久訳、ミネルヴァ書房、二〇〇五年）

Carr, E. H., *What is History*, Cambridge UP., 1961.（E・H・カー『歴史とは何か』清水幾太郎訳、岩波新書、一九六二年）

Carr, E. H., *1917: Before and After*, Macmillan, 1969.（E・H・カー『ロシア革命の考察』南塚信吾訳、みすず書房、一九六九年、改訂版二〇一三年）

Elder, Linda, Meg Gorzycki and Richard Paul, *Student Guide to Historical Thinking, The Foundation for Critical Thinking*, 2011.

Evans, Richard J., *In Defense of History*, W. W. Norton, 1999.

Jenkins, Keith, *On "What is History?"* Routledge, 1995.

Stanford, Micheal, *The Nature of Historical Knowledge*, Blackwell, 1986.

読書案内

歴史的に考えることを考える

①E・H・カー『歴史とは何か』清水幾太郎訳、岩波新書、一九六二年。

＊歴史的思考のための古典中の古典。歴史の中の事実とは何か、歴史家の役割は何か、因果関係や進歩をどのように考えるべきか、など、歴史的に考える上での基本的な問いに取り組んだ連続講義の記録。「歴史とは歴史家と事実の間の相互作用の不断の過程であり、現在と過去との尽きることを知らぬ対話」との言葉の意味は、今も考えぬくに値する。

②マルク・ブロック『新版 歴史のための弁明——歴史家の仕事』松村剛訳、岩波書店、二〇〇四年。

＊原書が執筆されたのは第二次世界大戦期（出版は一九四九年）。著者は本書を執筆中にナチス・ドイツに対する抵抗運動の中で命を落とした。世界大戦、ナチスによるフランスの占領・対独協力政権成立という時代背景にあって、「歴史は何の役に立つのか？」という問いから始まり、歴史家がなぜ、どのように歴史を書くのかを論じた書。未完ではあるが、歴史家の仕事をより深く理解できる。

③サム・ワインバーグ『歴史的思考——その不自然な行為』渡部竜也監訳、春風社、二〇一七年。

＊アメリカ合衆国の高等学校での歴史教育の実践を題材に、史料への問いかけ、教師と生徒のやり取りを通じて、「歴史家のように考える」ことを考察する。「歴史的思考」の正しいあり方が果たしてあるのか、批

判的に考えるための材料も提供してくれる。

④小谷汪之『歴史の方法について』東京大学出版会、一九八五年。

＊「自分史」から歴史と人の関わりを考え、それを「歴史発展」のなかにどう据えるのか、日本やアジアという立ち位置から、またそうした立ち位置をどう咀嚼しながら歴史を見つめるのか、大学の史学科での「史学方法論」講義をもとにした入門の書。

⑤岡崎勝世『聖書VS世界史』講談社現代新書、一九九六年。

＊歴史を考える上では、自分自身がどのような時代に生きているかについて考えることが重要である。ただし、「時代」という観念は、決して固定的なものではなく、必要に応じて組み替えられていく。本書は、聖書に基づく「普遍史」から新しい「世界史」観念の登場までのヨーロッパの知識人の格闘を描く。

⑥成田龍一『戦後史入門』河出文庫、二〇一五年。

＊一四歳の中学生に向けて、日本の戦後史を題材に、歴史の語られ方を解説。ヒット映画や文学作品を用いて、歴史と記憶との関係や相違、なぜ複数の歴史教科書があるのか等を読者に問いかけながら、「歴史はひとつではない」が「なんでもありでもない」ことを説得的に示す。

⑦小田中直樹『歴史学ってなんだ?』ＰＨＰ新書、二〇〇四年。

＊歴史を考える方法の一つとして、「歴史学」という学問がある。本書は、歴史を扱う科学としての歴史学について、その認識の方法、社会的役割、実践についてわかりやすく示す。

自己と他者と史料の対話を通じて歴史を読む

①歴史学研究会編『史料から考える世界史二〇講』岩波書店、二〇一四年。

＊同編者による『世界史史料』（全一二巻、岩波書店、二〇〇六〜一三年）所収の史料などを糸口にして歴史を読み解く二〇本のエッセイ集。碑文、叙事詩、宣言など、広く知られた史料を材料に、具体的な史料からどのような歴史像を描き出すのか、その多様なプロセスに触れる。

②小谷汪之『中島敦の朝鮮と南洋――二つの植民地体験』岩波書店、二〇一九年。

＊作家・中島敦の植民地体験をたどりながら、南洋諸島の西洋・日本との邂逅を通じて、他者との関わり、世界との対峙から歴史を考える。本書第2章をさらに深く知るための書。

③イヴァン・ジャブロンカ『私にはいなかった祖父母の歴史――ある調査』田所光男訳、名古屋大学出版会、二〇一七年。

＊ポーランド・ユダヤ系フランス人の歴史家が、第二次世界大戦末期に収容所で死んだ祖父母の痕跡をたどる。文書史料と記憶の対話、一家族の歴史と世界の歴史の交錯、祖父母に対する個人的な感情と歴史家としての専門性の融合の試み。

④秋山晋吾『姦通裁判――一八世紀トランシルヴァニアの村の世界』星海社新書、二〇一八年。

＊一八世紀東ヨーロッパのある裁判の記録を糸口にして、史料から、登場人物、生活空間、その時代をどのように描くことができるか、史料が語ることと語らないこと、残された史料と残されていない史料との対話を通じて考える試み。

⑤『映画クレヨンしんちゃん　嵐を呼ぶモーレツ！　オトナ帝国の逆襲』（DVD）バンダイビジュアル、二〇〇二年。

＊大阪万博（一九七〇年）に象徴される「古き良き時代」を現実に再現しようとする大人たちと、全く興味を示さないしんちゃんら幼稚園児たち。親であるひろしは、どちらを選んだのか。親子で楽しめる娯楽映画ながら、歴史とはノスタルジーではなく、過去を次世代につなぐものであることを感動的に描いている。

解説・批評として、北田暁大『増補　広告都市・東京──その誕生と死』(ちくま学芸文庫、二〇一一年)がある。

歴史を学ぶこと、教えること

①南塚信吾『世界史なんていらない?』岩波ブックレット、二〇〇七年。

＊二〇〇六年に発覚した高校での「世界史未履修問題」を入り口にして、学校教育における歴史科目の意義を問いかける。世界史を学ぶことをどのように活かすか、さまざまな歴史上の出来事が連動する様をどのように構想するか、問題提起の書。

②大学の歴史教育を考える会『わかる・身につく歴史学の学び方』大月書店、二〇一六年。

＊高校での教科としての歴史から、大学で自由に、あるいは専門的に学び研究する歴史へとどのようにつなげていくのか、大学で歴史を教える教員＝研究者たちの模索の記録であるとともに、大学で歴史を学び、学びなおす、研究を始める学生へのヒント集。

③渡辺雅子『納得の構造──日米初等教育に見る思考表現のスタイル』東洋館出版社、二〇〇四年。

＊日米の小学校の授業を観察し、児童の作文や教師の説明スタイルを比較検討することで、両文化における「納得」の構造のちがいを解明した労作。因果関係を遡行的に分析するアメリカとは異なり、時系列の流れに沿って、人物の心情を共感的に理解させることを重視するという日本の歴史教育の、特徴と課題が浮き彫りにされる。

④テッサ・モーリス－スズキ『過去は死なない──メディア・記憶・歴史』田代泰子訳、岩波現代文庫、二〇一四年。

＊映画、漫画、小説、写真、インターネットなどから得る歴史知識は、私たちの感情や行動にどんな影響を与えているのか。そこにどのような可能性があり、どのような歪みや落とし穴が潜んでいるのか。本書は、諸メディアの特性と問題点を分析するだけでなく、それをふまえて、批判的想像力をもって歴史から学び続ける力こそ、歴史教育で育成すべきと提案する。

おわりに

私たちは、書物（歴史教科書、歴史書、歴史小説、歴史漫画など）、映像や音声（映画、テレビ、ラジオ、インターネットなど）、演劇（歴史劇など）、その他いろいろなメディアを通して、さまざまな歴史――「描かれた歴史」――に出会う。しかし、これらさまざまなメディアを通して私たちに供給される歴史には、互いに矛盾したり、対立する点が多く含まれている。だから、私たちはそれらすべてを無批判に受け入れることはできない。それらの中から、自分自身の主体的な判断によって、歴史の「真実」により近いと思われるものを選択することが求められるのである。たとえ、歴史の「真実」そのものに到達することは原理的に不可能であるとしても。

「描かれた歴史」のうち、どれが歴史の「真実」により近いかを判断するためには、それぞれの「描かれた歴史」がどのような手続きを経て作り上げられたものなのかということを検討しなければならない。具体的には、以下のようなことがらである。

全く架空の歴史的フィクションは別として、歴史を描くためには何らかの史料（文書、絵画などの造形史料、遺物・遺構、などの形で残された過去の痕跡）の存在が不可欠である。したがって、どのような史料をどのような手続きを通して利用しているのかということがまず問題になる。史料を恣意的に利用していないか、あるいは捻じ曲げて使っていないかといったことを考えなければならない。

次に、多分に偶然的に残された過去の痕跡としての断片的な史料に基づいて歴史を描くためには、その出発点において何らかの「歴史の見方」の存在が前提となる。何の前提もなしに歴史を描くということはできないからである。したがって、それぞれの「描かれた歴史」は、どのような「歴史の見方」に立って描かれているのかということを考えねばならない。それぞれの「歴史の見方」には、歴史を描く者の価値観や世界観が色濃く反映されているが、その中には先入観や偏見というべきものも含まれているからである。

さらに、そのようにして「描かれた歴史」がどのようなメディアを通して私たちのもとに届くのかということを考えなければならない。多くのメディアは一定の政治的意図をもって作動しているからである。あるメディアが私たちに提供しようとしている「描かれた歴史」をそのまま受けいれるならば、そのメディアが広めようとしている政治的目的にからめ取られることになってしまうであろう。

「歴史的に考える」ということは、さまざまなメディアを通して供給される「描かれた歴史」にまとわりついているこのような問題を常に意識しながら、それらの「描かれた歴史」と向かい合い、自分自身の「歴史の見方」を形成していくことに他ならない。だが、そのようにしてひとたび形成された自分自身の「歴史の見方」も不変のものではない。自分自身の「歴史の見方」を、他のさまざまな「歴史の見方」を参照しながら、くりかえし再検討していくことを通して、自分自身の「歴史の見方」も変わっていく。「歴史的に考える」ということは、そのような不断の思考プロセスなのである。

「歴史的に考える」ということと歴史教育との関係についていえば、歴史という教科は「暗記もの」だという受け取り方が世間に広まっていることが問題となる。確かに、歴史の学習においては、ある出来事の年代を記憶するといったことが求められる。しかし、国語の学習では漢字を覚えることが必要だし、英語の学習にとって単語の意味を覚えることは無条件的な前提である。だからといって、国語や英語を「暗記もの」という人はいないであろう。だから、歴史は「暗記もの」だというのは一部の「大人」が広めたステレオタイプ化した固定観念に過ぎないのである。ただ、問題は、歴史の学習者までがこのような固定観念にとらわれる傾向がみられるということである。そこには、入試、とくに大学入試の問題が絡んでいるので簡単ではないが、このような固定観念を解体するためには、「描かれた歴史」をそのまま記憶させるのではなく、「歴史的に考える」ことを歴史教育の目標とするという姿勢が求められる。それは、程度の差はあれ、小学校から大学に至るまで、歴史教育に共通する課題である。近年、アクティブ・ラーニングという言葉が流行語のようになっているが、教場において、さまざまな考え方を持つ者たちが、それぞれの考え方を出し合って、討論するという方法は、「歴史的に考える」能力を身につけるうえでも有効であろう。限られた授業時間の中で、このような授業実践を行うことには困難が伴うであろうが、一つの方向ということはできるであろう。

二〇一九年四月

小谷汪之

ハ　行

マ・ヤ行

ラ・ワ行

サ　行

タ　行

ナ　行

索　引

（＊は人名）

ア　行

カ　行

鹿住　大助（かずみ・だいすけ）　**第7章**

1975年　生まれ。
2009年　千葉大学大学院社会文化学科日本研究専攻修了，博士（文学）。
現　在　島根大学教育・学生支援機構大学教育センター准教授。
主　著　「18世紀前半のフランスにおけるギルドと王権の経済政策――リヨン絹織物業ギルドの規約改定をめぐる国家の積極的介入について」『公共研究』第4巻第3号，2007年。
『つながりと権力の世界史』（共著）彩流社，2014年。
「教養教育・文系授業科目における反転授業の実践」『大学教育と情報』No. 1（通巻150号），2015年。

《執筆者紹介》（＊は編者，執筆順）

＊南塚　信吾（みなみづか・しんご）　**はじめに，第1章，第8章**

編著者紹介欄参照。

＊小谷　汪之（こたに・ひろゆき）　**第2章，第5章，おわりに**

編著者紹介欄参照。

秋山　晋吾（あきやま・しんご）　**第3章**

1971年　生まれ。
2004年　千葉大学大学院社会文化科学研究科博士課程修了，博士（文学）。
現　在　一橋大学大学院社会学研究科教授。
主　著　『つながりと権力の世界史』（共編著）彩流社，2014年。
　　　　モーリー・グリーン『海賊と商人の地中海』（訳）NTT 出版，2014年。
　　　　『姦通裁判』星海社新書，2018年。

割田　聖史（わりた・さとし）　**第4章**

1972年　生まれ。
2003年　青山学院大学大学院文学研究科史学専攻博士後期課程単位取得退学。
2005年　博士（歴史学，青山学院大学）。
現　在　青山学院大学文学部史学科教授。
主　著　『プロイセンの国家・国民・地域――19世紀前半のポーゼン州・ドイツ・ポーランド』有志舎，2012年。
　　　　『わかる・身につく歴史学の学び方』（共著）大月書店，2016年。
　　　　『帝国・国民・言語――辺境という視点から』（共著）三元社，2017年。

日高　智彦（ひだか・ともひこ）　**第6章**

1979年　生まれ。
2004年　東京学芸大学大学院教育学研究科社会科教育専攻（歴史学分野）修了。
　　　　成蹊中学・高等学校教諭を経て，
現　在　東京学芸大学教育学部社会科教育学分野准教授。
主　著　『歴史的思考力を伸ばす授業づくり』（共著）青木書店，2012年。
　　　　「世界史教育の課題と西洋史学」『西洋史学』260号，2016年。
　　　　「高校世界史のゆくえ」『歴史評論』819号，2018年。

《編著者紹介》

南塚　信吾（みなみづか・しんご）

1942年　生まれ。
1970年　東京大学大学院社会学研究科博士課程単位取得退学。
現　在　一般社団法人やまなみ・世界史研究所所長，千葉大学・法政大学名誉教授。
主　著　『「世界史」の世界史』（共編著）ミネルヴァ書房，2016年。
『「連動」する世界史』岩波書店，2018年。
『「世界史」の誕生』ミネルヴァ書房，2023年。

小谷　汪之（こたに・ひろゆき）

1942年　生まれ。
1972年　東京大学大学院人文科学研究科東洋史博士課程中退。
現　在　東京都立大学名誉教授。
主　著　『マルクスとアジア』青木書店，1979年。
『インドの中世社会』岩波書店，1989年。
『中島敦の朝鮮と南洋』岩波書店，2019年。

歴史的に考えるとはどういうことか

2019年６月30日　初版第１刷発行　〈検印省略〉
2024年７月20日　初版第５刷発行

定価はカバーに
表示しています

編著者　南塚信吾
　　　　小谷汪之
発行者　杉田啓三
印刷者　坂本喜杏

発行所　株式会社　ミネルヴァ書房
607-8494　京都市山科区日ノ岡堤谷町１
電話代表　(075)581-5191
振替口座　01020-0-8076

冨山房インターナショナル・吉田三誠堂製本

ISBN 978-4-623-08635-1
Printed in Japan